1人デベロッパーの勝ちパターンに学べ！

弁護士が実践する
不動産投資
最強戦略

弁護士法人 Martial Arts
弁護士 **堀 鉄平** 著

日本法令®

買い手の購買意欲を刺激する物件写真・パース

〔物件A〕港区六本木

パース

六本木一丁目駅徒歩2分の立地です。
1階と2階の外壁にはタイルを貼り、高
級感を演出しています。

〔物件 B〕港区赤坂

パース

赤坂の高台に位置する物件です。崖地の斜面を切り崩し、苦労して建築しました。エントランスから、吹き抜けの階段を降りながら、各部屋に直接アクセスする長屋です。

〔物件 C〕渋谷区広尾

恵比寿駅徒歩5分の好立地です。
中庭を演出して、そこからダイレクトに各部屋にアクセスする長屋です。
各部屋は、「地下1階＋1階のメゾネット」「2階＋3階のメゾネット」となっています。

〔物件 D〕渋谷区南青山

パース

表参道駅徒歩5分の好立地。物件A〜Dの中では投資額が最も抑えられた、手ごろな案件です。
最上階の2部屋のテナントは、屋上を利用することが可能です。

はじめに

　ロバート・キヨサキ氏の著作「金持ち父さんのキャッシュフロー・クワドラント」の中では、人の職業が4つのタイプ（クワドラント）に分けられており、それぞれで「お金を得る方法」や「どんな生き方をしているのか」が異なっていると紹介されています。

☞　**キャッシュフロー・クワドラント**

E クワランド 従業員（Employee） 雇われて働いている	**B クワランド** ビジネスオーナー （Buisiness owner） 自分のために働いてくれる ビジネスシステムと 従業員を持っている
S クワランド 自営業者（Self employed） 自営している	**I クワランド** 投資家（Investor） お金が自分のために 働いてくれる

（「金持ち父さんのキャッシュフロー・クワドラント」（筑摩書房、2013年、改訂版）より修正）

　私は、弁護士法人というビジネスのオーナーであり（Bクワドラント）、同時に不動産投資家です（Iクワドラント）。お金持ちになるためには、クワドラントの右側の職業を選ぶほうが賢明だと思ったからです。
　本書は、このキャッシュフロー・クワドラントという考え方

を参考に、不動産投資家の立場を４つのクワドラントに分類して紹介しています（以下「不動産投資クワドラント」といいます）。不動産投資でお金持ちになりたいのであれば、不動産投資クワドラントの右側で投資する必要があるのです。

　さて、先日、私が保有している新宿区の土地について、不動産業者がどうしても更地のまま売って欲しいと言うので、価格を提示しました。その価格は相場通りだったのですが、その不動産業者は「それはエンド価格ではないですか……」と不満を口にしていました。私は、更地のまま売らずにマンションを建築する選択肢もありましたので、交渉は決裂となりました。

　ここで「エンド価格」とは、いわゆる「エンド（ユーザー）」と呼ばれる最終的な消費者が購入する価格、という意味です。

　不動産の流通過程においても、「生産者→問屋→小売り→消費者」という製造業と類似した流通過程があります。そして、当然ながら各過程に利益が乗せられて取引されますので、不動産の最終消費者は、購入価格以上の利益を上げることはできません。

　たとえば、先の不動産業者（Ａ社。「生産者」の立ち位置）は、私から卸値で土地を仕入れて、その土地にマンションを建築するなど物件を生産して、それをワンルームマンション販売業者（Ｂ社。「小売り」の立ち位置）等に区分で小売りさせます。区分を購入するのは、弁護士や医師、大手企業のサラリーマンなど高収入者（Ｃさん。「消費者」の立ち位置）です。私の事務所にも、ワンルームマンションの販売業者から営業電話がかかってきます。そのようなエンド候補の名簿があるので、Ｂ社はコールセンターからリストに電話をかけるのです。

　そして、この事例で、最も高い利益を上げるのはＡ社です。次いで、Ａ社から手数料を受け取るＢ社が利益を上げます。エンドであるＣさんは、あまり儲かりません。

　世の中の個人投資家の多くが、Ｃさんのような投資手法を

取っているのではないでしょうか。Cさんが儲からない原因は、受け身で提案された商品（パッケージ商品）を購入している点にあります。

　電話勧誘販売により物件を購入する場合に限らず、自らセミナーに足を運んで積極的に投資をしようと思っても、結局、セミナーを主催する業者のパッケージ商品を購入してしまうケースもあります。あるいは、「大家の会」などと題する投資家仲間の会合に出席し、そこで知り合った先輩大家から物件を高く購入してしまうケースもあります。著名なコンサルタントとコンサル契約を締結し、そのコンサルと繋がりのある業者のパッケージ商品を購入するケースもあるでしょう。

　これらはすべて、エンド価格です。

　では、業者ではない個人投資家は、不動産投資で儲けることはできないのでしょうか。

　この点、製造業においては、消費者は生産者になるのが難しいのに対して、不動産においては、比較的小さなリスクで個人投資家が生産者側に回ることができてしまいます。事実、私は、都心で更地を安く仕入れ、マンションを建築して、エンドの投資家に売却するという投資をしてきました。弁護士業務のかたわら、6年間で売却益25億円の実績を上げています。

　この本は、不動産投資の世界で、エンドの消費者から生産者側に移りたいと思っているが、どこから始めたらよいのか分からない人のために、ノウハウを提供するものです。

　今後は、個人投資家の間で、小ぶりな開発型投資が浸透していくものと思われます。

　本書は、個人投資家が生産者側に回っていく一助となるものと思料します。

2020年　3月　吉日
弁護士法人 Martial Arts
弁護士　堀　鉄平

「1人デベロッパーの勝ちパターンに学べ！
弁護士が実践する不動産投資最強戦略」

第3章　ファイナンス戦略

> ＊　本書記載の意見・データについては、考え方の道筋を示すものであり、その正確性・確実性を保証するものではありません。
>
> ＊　本書記載の内容は、市場環境の変化や法律・会計制度・税制の変更、その他の事情に影響を受けることがあります。

第1章

総　　論

左側

右側

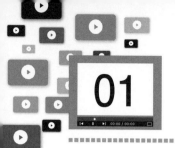

01 不動産投資の目的はインカムゲインかキャピタルゲインか

(1) これまでの不動産投資の王道

　不動産投資の目的は人それぞれですが、これまではサラリーマンが給与収入以外の副収入を得るためであったり、老後の年金の足しにするためであったり、所得の高い方が節税しつつ、安定収入を得るためであったりと、いずれにせよインカムゲイン目的であることがセオリーでした。

　投資の目的がインカムゲイン目的であるとすると、毎月の賃料収入を得たいわけですから、購入した不動産は売らずに、基本的に長期で保有することになります。

　そして、不動産を長期で保有するのであれば、自己資金を長期で寝かせるのは好ましくないので、手出しの現金は使わず、フルローン（不動産投資に必要な物件の購入金額について、自己資金なしで、すべて金融機関からの融資で調達すること）や、場合によってはオーバーローン（投資物件の購入価格よりも多くの金額を金融機関から融資してもらうこと）で融資を引くのが通常です。

　また、物件を複数保有しているほうが、賃料収入は当然増えますので、野心のある投資家は投資の規模を拡大して、物件を何棟〜何十棟と保有することで、多額のインカムゲインを得ようとします。

　さらに、投資の対象を地方物件やあえて立地の悪い物件とすることで、少しでも利回り※の高い商品に投資する傾向にあります。価格が安い分、利回りが上がるからです。

このように、これまでの不動産投資の王道は、①インカムゲイン目的、②長期保有、③フルローン、④規模拡大、⑤地方物件がセオリーでした。一般的に成功していると言われている「メガ大家」と呼ばれる投資家は、借入金10億円〜30億円、家賃収入が年間1億円〜3億円というレベルでインカムゲインを得ています。合計10億円の物件を自己資金なしですべて借入金で購入し、年間賃料収入1億円を得て、ここから必要経費と税金を支払い、銀行への返済をして、手残り1,000万円が残るイメージです（この手残りを「キャッシュフロー」といいます）。インカムゲインの最終目標は、要するに⑥キャッシュフローです。

　以上を整理すると、これまでの不動産投資の王道は、「フルローンで銀行融資を引いて、地方物件を長期保有目的で購入し、順次規模を拡大して、インカムゲイン・キャッシュフローがなるべく多く入ってくる仕組みを作ること」でした。

　ただ、当然ですが、人口が減少していく地方で投資していますので、売却時には物件価格が大きく下落することを前提としています。そのため、出口（売却）を迎える頃には、それまで得ていたインカムゲインが帳消しになるほどのキャピタルロスとなるおそれもあります。
　また、借入れが多い以上は、賃料収入が数億円規模で入ってきたとしても、手残りのキャッシュフローで1億円を超えている人というのはなかなかいません。
　あくまで「不労所得で生活できるようになりたい」という程度の、地味な投資手法といえるでしょう。

※　（表面）利回り……投資した金額に対するリターンの割合を計測する尺度。「（年間家賃収入÷物件価格）×100」で算出される。

---

(2) 著者の実績紹介

　私の不動産投資の手法は、キャピタルゲイン目的です。毎年少しずつインカムゲインを得たいというよりは、下世話な言い方ですが、「今すぐお金持ちになりたかった」ということです。

　具体的には、都心部で土地を仕入れて、建物を建築して、完成してしばらくして売却する、という手法です。

　実例を３件ほど紹介します（あくまで一例に過ぎません）。

実績①～東京都渋谷区
投資額３億円程度、RC造、完成時利回り[※1]6.38%
→売却額[※2]４億6,000万円、期待利回り4.16%
キャピタルゲイン＝１億6,000万円[※3]

実績②～東京都港区
投資額４億3,200万円程度、RC造、完成時利回り6.16%
→売却額６億2,000万円、期待利回り4.3%
キャピタルゲイン＝１億8,800万円

実績③～東京都港区
投資額５億円程度、RC造、完成時利回り6%
→売却額７億、期待利回り4.28%
キャピタルゲイン＝２億円

[※1]　ここでいう利回りは表面利回り（前掲・13頁脚注）である。賃料収入を投資額で割ったもの。
[※2]　宅地または建物の取引を不特定多数の者を相手に、反復または継続して行う行為は宅地建物取引業とされ、これを営もうとする者は、宅地建物取引業の免許を受けなければならない（宅地建物取引業法第３条第１項。**コラム１**も参照）。
[※3]　キャピタルゲインから経費（仲介手数料等）を引いた後、課税される。

(3) 不動産の価格の決まり方

　前項(2)の実績では、いずれも投資した金額よりも高い価格で物件を売却できていますが、そもそも不動産の価格はどのように決まるのでしょうか。

　投資用不動産の価格は、**収益還元法**といって、不動産が生み出す利益からその不動産の価値を算出する方法で求められることが通常です。

　すなわち、その不動産に投資すればどれくらいのリターンが得られるのかを計算して、そのリターンが投資家の求める期待利回りに見合うように価格が決定される方法をいいます。

　具体的には、以下の計算式のように、不動産から得られる賃料を期待利回りで割って、価格を求めます。

☞　**不動産価格の計算式（収益還元法）**

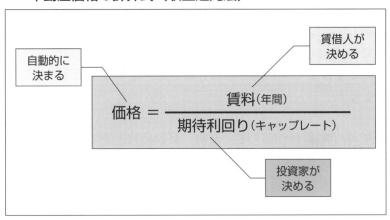

　このうち、**賃料**は賃借人が決めて、**期待利回り**は投資家が決めることになります。

まず、**賃料**は一次的には賃貸人が決めますが、その賃料で入居者が入らない場合は賃料を下げて募集することになるので、結局は賃借人が決めるといえます。

次に、この賃料に対して、投資家が求める利回りが確保されなければ、投資家はその物件を購入しませんので、**期待利回り**は投資家が決めることになります。

投資家は、同じ不動産でも、地方で築古であれば高い利回りを期待しますし、都心で築浅であれば低い利回りでも購入します。また、投資の対象は不動産に限りませんので、投資家は他の金融商品等とも比較して、そのときの経済事情等に鑑(かん)みて、当該不動産に期待する利回りを決定します。

最後に、このようにして決まった賃料を期待利回りで割ることで、売却**価格**が自動的に決まります。

(4) キャピタルゲインの方法（都心開発型）⊏◼⊐

では、都心部で土地を開発して完成した物件を売却する際に、キャピタルゲインが得られる仕組みは、どのようなものなのでしょうか。

前述の**実績①**でいえば、当初、私が投資した金額は３億円ですが（土地２億円、建築費１億円）、完成時に満室で入ってくる賃料収入は1,915万円でした。完成時の表面利回りは6.38％です。

そのうえで、この物件を市場に売りに出すと、利回り４％前半で買う投資家がいることが分かりました。彼らは、東京都渋谷区のこの新築マンションから得られるリターンと、他の地方の物件や都心部でも築年数の経過した物件、あるいは株や債券

といった金融商品の利回りと比較して、リスクとリターンから適正な期待利回りを判断します。「地方物件や築古物件であれば、賃料減少や修繕費の増加が予想されるので、利回りがもっと高くないと買いたくない」、あるいは「定期預金よりも不動産投資のほうがリスクはあるが、4％の利回りが確保できるのであれば、定期預金の金利よりも遥かに高いので、良しとしよう」という比較です。

そうすると、(3)の収益還元法の公式に従えば、分母の数字が6.38％から4％前半と低くなりますので、その分、不動産価格は高くなります。

要するに、都心部で新築のRCマンションを建築して、6％前半の利回りで仕上げておけば、(現時点では）期待利回り4％前半で売却することでキャピタルゲインを得ることができるのです。

☞　**キャピタルゲイン（都心開発型）の例**

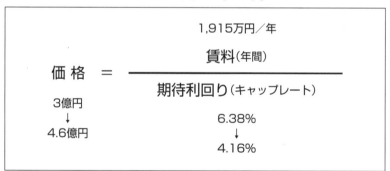

$$
価格 = \frac{賃料（年間）　1,915万円／年}{期待利回り（キャップレート）}
$$

3億円
↓
4.6億円

6.38％
↓
4.16％

(5)　キャピタルゲインの方法（地方再生型）

ところで、同じキャピタルゲインでも、地方でボロ物件（築古で半分空室のアパートなど）を買ってきて、再生して（リ

フォーム等を施し、空室を埋める）、高く売るという方法もあります。

　たとえば、年間賃料収入が300万円（半分が空室）の築20年の地方アパートが2,000万円で取引されたとします。利回りは15％です。この立地、この築年数であれば、15％の利回りが確保されると取引が成立するということです。

　続いて、購入した投資家は、このアパートをリフォームなどすることで満室にして、賃料収入を600万円に上げることに成功したとします。そうすると、同じ15％の利回りで売却すると、分子の賃料が2倍になった分、価格も2倍になるという計算になります。

☞　**キャピタルゲイン（地方再生型）の例**

都心開発型の場合は、一から開発することで利回りを高く仕上げて、完成後に相場の利回りで売却することでキャピタルゲインを得るのに対して、地方再生型の場合は、購入後に賃料収入を上げた後に、同じ利回りで売却することでキャピタルゲインを得るという違いがあります。

02 不動産投資で人生を変える方法

　前節 01 では、これまでの不動産投資の王道としてインカムゲインを得る方法と、都心で土地を開発したり、地方でボロ物件を再生させたりするなどの手法で、キャピタルゲインを得る仕組みを紹介しました。

　他方で、世の中の不動産投資の商品には、安定したインカムゲインが売りとされているにもかかわらず、想定よりも収支が悪くなり、キャッシュフローが残らない物件があったり、将来の値上がりを期待して買ってみたものの、買った価格以上で売ることは不可能で、高値掴みと言わざるを得ない物件もあったりします。

　このように、同じ不動産投資でも、人生を変えるほどに成功している人もいれば、全然儲からない物件を買ってジリ貧の人もいます。

　では、不動産投資で人生を変えるほどに成功するためにはどうすればよいのでしょうか。
　それは、

お金持ちになるためには、自分でゲームに参加しなければならない。

ということに尽きます。

世の中には、パッケージ商品を創る側と、それを買う側の２種類の立場しかありません。

　たとえば、不動産業者が地方のボロ物件を安く仕入れて、リフォームして、空室を埋めて、銀行もセットで紹介して、サラリーマン投資家に売却するというケースがあります。

　サラリーマン投資家としては、本業が忙しく、自分でボロ物件を探したり、リフォームしたりする時間がないので、リフォーム済みで満室になっている中古物件を買うほうが楽です。まして、銀行まで紹介してもらえれば、あとは利回りや、賃料の中から返済ができるかどうかを計算すればよいだけですので、購入のハードルは高くありません。そうして、不動産業者がたっぷりと利益を乗せた物件（＝パッケージ商品）を高く買うことになるのです。

　本件では、パッケージ商品を創る側は不動産業者で、それを買う側はサラリーマン投資家です。

　他人が創ったパッケージ商品を買っていては、絶対にお金持ちになることはできません。お金持ちになりたければ、自ら価値を創造し、商品を創りだす必要があります。

　すなわち、自分からゲームに参加する必要があるのです。

03 自分からゲームに参加するということの意味

　では、自分からゲームに参加するということについて、もう少し具体的にみていきましょう。次の図は、不動産投資をする人を4分割して分類したものです（以下「不動産投資クワドラント」といいます）。

☞ **不動産投資クワドラント**

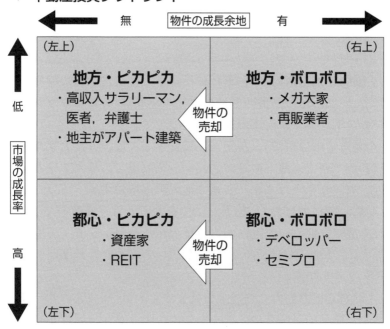

　縦軸では「市場の成長率」として、立地を都心と地方に分けて、都心を「成長率が高い」、地方を「成長率が低い」と整理しました。
　横軸では「物件の成長余地」として、物件の築年数や修繕具

合をもとに「ボロボロ」と「ピカピカ」に分けて、「ボロボロ」は今後の修繕等で「成長余地が有る」、「ピカピカ」は既に修繕・されている・もしくは新築なのでこれ以上の「成長余地が無い」、と整理しました。

　これにより、不動産投資のスタイルが、

右下＝「都心でボロボロ」
右上＝「地方でボロボロ」
左下＝「都心でピカピカ」
左上＝「地方でピカピカ」

の４つに分類されました。

　「都心でボロボロ」（**右下**）に投資する人は、デベロッパーが典型で、都心の一等地の更地や古ビルを取得し、ビルやマンションを新築します。前述の都心開発型です。
　「地方でボロボロ」（**右上**）に投資する人は、メガ大家や再販業者が典型で、地方の築古アパートを取得し、リフォームをして、利回りを上げます。前述の地方再生型です。
　「都心でピカピカ」（**左下**）に投資する人は、資産家やREITが典型で、都心一等地にある新築のビルやマンションを取得します。「リターンは低くてよいので、リスクは負わない」というスタイルです。
　「地方でピカピカ」（**左上**）に投資する人は、高収入のサラリーマンが典型で（医者や弁護士もここに入ります）、属性が良く、融資が付くので、地方のリフォーム済み物件や新築・築浅物件をフルローンで買ったりします。地方の地主が、相続対策と称して自分の土地にアパートを新築するのも、ここに入ります。

重要なことは、どのスタイルがお金持ちになるのかということとです。その正解は、「**都心でボロボロ**」（右下）と「**地方でボロボロ**」（右上）です。

　特に、「**都心でボロボロ**」（**右下**）については、市場の成長率が高く、物件の成長余地もあるので、言わずもがなです。「**都心でボロボロ**」（**右下**）に投資する人は、開発後に、「**都心でピカピカ**」（**左下**）に投資する人に物件を売却して、大きな利益を得ます。前述の都心開発型でキャピタルゲインを得る方法です。

　「**地方でボロボロ**」（**右上**）に投資する人は、物件をリフォームした後、数年保有して賃料を得ることもありますが、最後は「**地方でピカピカ**」（**左上**）に投資する人に売却します。前述の地方再生型でキャピタルゲインを得る方法です。
　図の中の矢印の流れで、物件の流れを示しています。

　自分からゲームに参加するということの意味は、不動産投資クワドラントの**右上**、もしくは**右下**で投資するということです。
　不動産投資でお金持ちになりたければ、不動産投資クワドラントの右側のスタイルで投資する必要があります。

04 ゲームの参加例

（1） 右　上

　では、不動産投資クワドラントの右上の投資家がゲームに参加する際の入り方をご紹介します。

　たとえば、以下のような物件の購入を検討する際の思考過程をみてみましょう。

> **物件概要書〜売りアパート**
> 販売価格 2,000 万円（総額）※
> 表面利回り 15%
> 現況年間収入 300 万円
> 所在地：栃木県小山市●●
> 交通：JR 小山駅徒歩 18 分
> 建物構造：鉄骨造
> 築年月：1995 年 11 月（築 24 年）
> 土地権利：所有権
> 土地面積：●●● m²（公簿）

　利回り 15% ですので、一見良さそうにみえます。そして、現況の賃料収入は年間 300 万円ですが、半分空室ということで、満室になれば単純に 2 倍の 600 万円になる可能性があるということです。

※　不動産を購入する際には、物件価格以外に、仲介手数料、不動産取得税、登録免許税等の諸費用がかかる。

そこで、右上の投資家は、まずは満室にするために必要なコストを算出します。本件では、リフォームとAD（客付け会社に支払う経費）で100万円と見積もったとします。すると、投資に必要な費用が2,100万円となりました。

　次に、この物件を銀行に持ち込んで、融資の取り付けに動きます。本件では、自己資金1割（210万円）を入れることで、1,890万円の融資を、金利1.5％、期間10年※で融資を引けたと仮定します。

　以上の前提で、右上の投資家がどのように投資の可否を検討するかです。本項では、右上の投資家の基本的な思考回路を確認します。

　<u>右上の投資家の究極の目的は、不動産から生み出される不労所得だけで生活していけるようになることです。</u>

　彼らは、賃料から経費を支払って、税金と銀行への返済を済ませて、キャッシュフローがどれだけ残るのかが最大の関心事です。キャッシュフローが出る物件を複数保有するよう買い増しし（規模拡大）、合計したキャッシュフローで自分の給与収入を超えるタイミングで脱サラします。したがって、キャッシュフローがどれだけ出るのかが、投資の最大の関心事なのです。

　本件では、年間キャッシュフローの予想シミュレーションは次のように算出できます。

※　建物には構造・用途ごとに経済的な耐用年数が定められている（法定耐用年数）。鉄骨造り（S造）であれば、骨格材の厚みによって耐用年数が変わる。金融機関の融資においては、法定耐用年数を「経済的残存耐用年数」とみなして、耐用年数の期間内の融資をすることが通常。

☞ キャッシュフローのシミュレーション

賃料収入	①	600万円	(満室時)
諸 経 費	②	▲180万円	(空室損も合わせて賃料に対する30%)
減価償却	③	▲140万円	
金 利	④	▲28万円	(1,890万円×1.5%)
税引き前利益	⑤	252万円	
税 金	⑥	▲76万円	(概算で30%)
税引き後利益	⑦	176万円	
元 金 返 済	⑧	▲189万円	(1,890万円÷10年)
減価償却費戻し	⑨	140万円	
キャッシュフロー	⑩	127万円	

　購入後、リフォームをして、ADを十分にかけて満室にできれば、年間で600万円の賃料収入が入ってきます（①）。

　ここから固定資産税や管理費、修繕積立金の他に、空室になることも考慮し、賃料収入の30％を概算で経費計上しておきます（②）。

　減価償却費とは、建物は時間を経て使用を続けることにより、経済的な価値が下がり、ついには価値がなくなるので（これを「減価」という）、その額を会計期ごとに見積もって計上する費用です。
　本件では、税理士に確認した結果、年間で140万円でした（③）。

　そして、金利ですが、元金1,890万円に対して年利1.5％であれば、初年度は年間で28万円の支払いとなります（④）。元金自体は、税引き後に返済するものですが、金利は経費計上できますので、税引き前に計上します。ざっくりとしたキャッシュ

フローのシミュレーションでは、賃料収入から元利金を合わせた返済額が返済できるかどうかで計算されていますが、不正確です。

そうすると、税引き前で252万円となりますので（⑤＝①－②－③－④）、概算で30％の税率を掛け合わせると、税金の支払いは76万円となります（⑥＝⑤×30％。税率は、個人か法人かで異なりますし、所得によっても変わってきますが、ここでは概算）。

これにより、税引き後の利益として176万円が残ることが分かりました（⑦＝⑤－⑥）。

次に、ここから元金を返済するのですが、年間189万円の元金（⑧）を返済すると（元金均等返済）、キャッシュフローが出ないようにみえます。しかし、先ほどの減価償却費（③）は現金が支出として出ていくわけではないものの、経費として計上していたにすぎないので、キャッシュフローの計算においては、ここで戻し入れる必要があります（⑨）。そうすると、

⑦176万円－⑧189万円＋⑨140万円＝⑩127万円

のキャッシュフローとなります。

以上から、本件では月に10万円超のキャッシュフローが得られることが分かりました。投資として適格とも思えます。

ただし、優秀な右上の投資家であれば、次のように「ストレス」をかけて、本当にキャッシュフローが出るのかどうについて、なお見極めるはずです。

☞ ストレスをかけたキャッシュフローのシミュレーション

賃 料 収 入	①	540万円	(賃料が10%下落)
諸 経 費	②▲189万円		(経費率が35%に上昇)
減 価 償 却	③▲140万円		
金 利	④ ▲38万円		(元金が3分の2に減ったタイミングで、金利が3%に上昇)
税引き前利益	⑤	173万円	
税 金	⑥ ▲52万円		(概算で30%)
税引き後利益	⑦	121万円	
元 金 返 済	⑧▲189万円		(1,890万円÷10年)
減価償却費戻し	⑨	140万円	
キャッシュフロー	⑩	72万円	

　このように、賃料や経費率、金利が自分に不利な状況に変化した場合を想定して、再度計算するべきです。本件では、それでもキャッシュフローが出ることが分かりますが、想定していたキャッシュフローの半分程度となっていますので、本件に投資するかどうかを他の物件と比較して決定することになるでしょう。

　以上が、右上の投資家がゲームに参加する際のルールです。

(2) 右　　下

　続いては、右下の投資家がゲームに参加する際の入り方です。たとえば、次のような物件の購入を検討する際の思考過程をみてみましょう。

物件概要書～売り土地
販売価格２億円（総額）
所在地：港区南青山５丁目
交通：東京メトロ（銀座線、半蔵門線、千代田線）表参道駅
　　　徒歩４分
土地権利：所有権
土地面積：●●● m² （公簿）
都市計画：市街化区域
用途地域：第二種中高層住居専用地域
建蔽率^{※1}：60%
容積率^{※2}：300%（160%）

　右下の投資家は、土地に建物を建築しますので、土地の仕入れを検討します。

　土地の場合は、収益物件と異なり、現段階では収益を生み出していません。ですから、物件概要書には、賃料収入がいくらといったことは書かれていないわけです。

　そうすると、最初に検討すべきは、「この土地はいくらの賃料収入を生み出すことができるのか？」という点です。不動産投資は、結局は賃料が儲けの源泉ですから、当然です。

　そして、不動産の賃料収入は建物から生み出されます（もちろん、土地を駐車場にすることで賃料収入は得られますが、建物を建築して賃貸したほうが賃料収入は高くなります）。

※1　建蔽率……建築面積の敷地面積に対する割合を％で表したもの。土地にどれぐらいの床面積の建物を建てることができるのか分かる指標。
※2　容積率……建物の延床面積（建築物の各階の床面積の合計）の敷地面積に対する割合を％で表したもの。土地にどれぐらいの大きさの建物を建てることができるのか分かる指標。

したがって、まずは、この土地にどの程度のボリュームの建物が建築できるのかを検討します。

　土地上に、何階建てでどの程度の延床面積の建物が建築できるのか（これを「ボリュームプラン」といいます）については、建蔽率と容積率をもとに、ある程度自分で検討することもできなくはないですが、各種規制（斜線規制、高度規制等）により容積率通りのボリュームが確保できないことも多く、建築士に依頼するほうが賢明です。

　本件では、３階建て地下１階、延床面積約90坪のレジ（レジデンス）が建築できることが判明したとします。

☞　**ボリュームプランのイメージ**

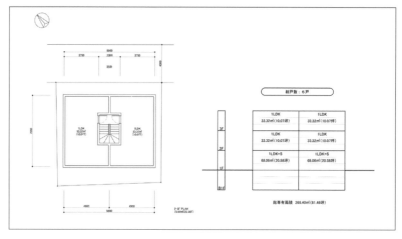

このようにボリュームプランが判明したら、そのプランについて、不動産会社に賃料の査定を依頼します。不動産会社は、建物が完成したあかつきには管理を任せてもらえることを期待して、すぐに賃料の査定をしてくれるはずです。

　本件では、年間で 1,956 万円の賃料収入が得られることが分かったとします。

☞ **賃料査定書のイメージ**

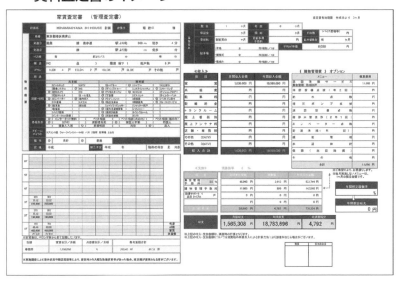

以上で賃料収入が把握できましたので、**01** (3)(4)で前述の通り、投資家の求める期待利回りが分かると、完成時の土地建物の価格も分かることになります。期待利回りは自分で想定することも十分可能ですが、こちらも不動産会社にヒアリングするのもよいでしょう。

　本件では、表参道駅まで徒歩4分、新築のRCで、レジデンスですので、期待利回りは4％台前半で、完成時の時価は4億6,000万円超となると予想できました。

　以上から、本件2億円の土地に建物を建築すると、完成時に4億6,000万円になることが分かりましたが、右下の投資家にとっては、「では、一体いくら儲かるのか？」ということが最大の関心事です。

　とすると、土地代は分かっていますので、建築費の概算を計算することになります。建築費は、「延床面積×坪当たり120万円」などと簡易に計算することもありますが、工務店に見積もりを出してもらうほうが正確です。

　本件では、見積もりの結果、設計費抜きで1億円程度であったとします。

☞ **建築費見積もりのイメージ**

御 見 積 書

令和 2年 1月 1日

株式会社 Martial Arts 御中

御見積金額　￥100,287,773.－

見積金額には消費税は含まれておりません。

工事件名：（仮称）南青山●丁目〇〇〇
工事場所：東京都港区南青山〇〇〇（住居表示）
延床面積：295.96㎡（89.53坪）
施工床面積：307.54㎡（93.03坪）
支払条件：30日
有効期限：

印	印

名　称／規　格	単位	数量	単価	金　額	備　考
A．本体建物工事 construction	式	1		64,549,274	（68.43万円/坪）
B．電気設備工事 electrical	〃	1		4,772,640	
C．給排水設備工事 plumbing	〃	1		3,609,200	
D．ユニット工事 kichen, dressing	〃	1		2,400,000	予算
E．浴室（ユニットバス）工事	〃	1		1,500,000	
F．付帯工事 other	〃	1		760,352	
G．現場諸経費	〃	1		4,000,000	
【小計】 sub total				81,591,466	（91.13万円/坪）
H．設計料 design fee	式	1			
【合計】 sum total				81,591,466	（100.40万円/坪）
【消費税 10%】 consumption tax				6,454,927	
次頁へ続く					

これにより、

完成時時価 4 億 6,000 万円－土地 2 億円－建築費 1 億円－設計費 1,000 万円－仲介手数料等 3,000 万円＝ 1 億 2,000 万円

の利益が見込めることが分かります。この利益をすぐに現実化させようと思えば、売却することになりますし、売らずに保有して賃貸することにしても、1 億 2,000 万円の含み益を得ることになります。

　そして、右下の投資家は、この金額をもとに、

利益 1 億 2,000 万円÷投資額 3 億 4,000 万円≒約 35％の利益率

と利益率を概算し、利益率が十分であるのか、物足りないのかで、投資の可否を判断します。
　通常、デベロッパーの利益率は 20〜25％程度といわれていますので、本件では十分ということができます。

　以上が、右下の投資家がゲームに参加する際のルールです。

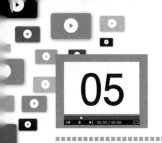

05 不動産投資で人生を変える人のルール

続いて、不動産投資で人生を変えるほどに成功する人が実践している「ゲームのルール」について解説します。

次の図表が、ルールの全体像です。

☞ **ゲームのルールの全体像**

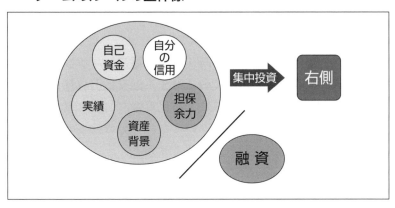

不動産投資で絶対に外せないルールの３原則は、

①融資を引いて、梃子を利かせること（レバレッジ）
②右側に投資すること
③集中投資すること

です。

(1)　融資を引いて、梃子を利かせること（レバレッジ）

　どれだけ優良な案件に投資できたとしても、手持ちの現金の範囲で投資をしていては、効果は限定的です。同じく利回り10％の物件に投資する場合、1,000万円の現金で1,000万円の不動産を買った場合のリターンは100万円ですが、1,000万円の現金を自己資金とし、残りは融資を引いて1億円の不動産を買った場合のリターンは1,000万円となります。

　これから資産を拡大していきたいという投資家は、融資を活用して、レバレッジを効かせて投資していかないと、なかなか資産が増えていきません。

　そして、融資の困難な今の時代（**第3章ファイナンス戦略**で述べますが、現在は不動産投資に対する融資は引き締められています）、融資を引き出すには、「自己資金」「自分の信用」「実績」「担保余力」「資産背景」といった、自分の持てる経営資源をすべて研ぎ澄ますことが欠かせません。

　投資するにあたって、「自己資金」をある程度入れないと融資がつきませんので、ムダづかいを省いて現預金を貯蓄する必要があります。

　本業の収入を増やせれば金融機関からの「信用」は上がりますが、そうでなくとも、「負債を減らす＋増やさない」ことで、「信用」は上がっていくものです。「欲しがりません。勝つまでは」の発想で、無益なものをローンで購入するのは避けたほうがよいでしょう。

　不動産投資の「実績」を積むことで、金融機関からの審査は通りやすくなります。金融機関は、不動産投資の素人に対して

の融資では、賃貸経営が頓挫しないか不安です。効率的な修繕計画を立てて、満室経営を実現し、借入れをしっかり返済してきた「実績」を作ることができれば、金融機関も安心です。ただし、都心開発型の右下投資の場合、投資家本人の投資実績よりも、建物を工事する工務店の実績が問われます。

　持てる物件の借入返済が進んで、担保価値としての余剰（担保余力）が出た場合には、その物件を共同担保として差し出すことで融資が通りやすくなります。ただし、一番抵当権者に根抵当権※を付けられている場合、当該一番抵当権者から別件で融資を引く際には、この物件を共同担保に入れると融資を引きやすくなりますが、別の金融機関から融資を引くにあたっては、返済による担保余力は生じていませんので注意が必要です。

　債務者となる人が、現金や預貯金、株などの金融商品といった流動的な資産のみならず、保険や退職金の積立て、金やプラチナといった現物を保有していると、「資産背景」があるということになります。資産背景があるということは、当該不動産の賃料収入で返済ができなくなった場合でも、最悪これらの資産で返済できると判断されます。債務者の属性を評価するための証拠になりますので、厚い資産背景を持っている人ほど好条件の融資が受けられる可能性が高くなります。
　なお、資産背景としては、配偶者の資産や実家の資産をもアピールします。それらを相続する可能性があれば、現在は自分名義ではないものの、いざというときに支払いに充てることができると判断されるからです。

※　根抵当権……不動産の担保価値を算出し、貸し出せる上限（極度額）を定め、その範囲内で何度もお金を借りたり返済したりするにあたり、不動産に設定される担保権のこと。借入金を完済しても、また借りる可能性があるため、当事者の合意がない限り根抵当権は消滅しない。

(2) 右側に投資すること

せっかく融資を引いて梃子（レバレッジ）を利かせることができるにもかかわらず、肝心の投資対象が左側の物件であると、まったく儲かりません。

☞ **不動産投資クワドラント**

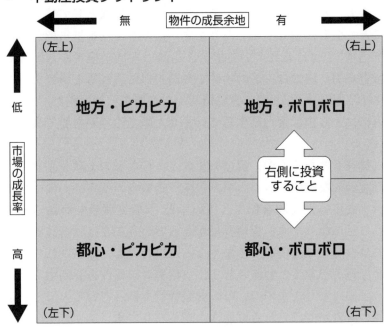

左上のスタイルでは、今後、市場が縮小する地域で、かつ、物件の成長余地がない対象に投資をすることになってしまいますので、梃子を利かせれば利かせるだけ、損が拡大するともいえます。

左下のスタイルは、市場が成長する地域に投資しますので、損はしないものの、購入価格が高いので大きな利益を出すこと

はできません。富裕層が左下の物件を買っているのは、彼らが資産を防衛するステージにいるので、不動産投資で大きな利益を出そうという意図がないだけなのです。

　これから資産を拡大していくステージにある人は、梃子を利かせて、右側（右上もしくは右下）に投資する必要があります。

(3)　集中投資すること

「分散投資は無知に対するヘッジだ。」

　「オマハの賢人」と呼ばれるウォーレン・バフェットの言葉です。「何が儲かるのか分かっているならば、そこに全資源を投入すると最も儲かる」という意味です。

　何が儲かるのか分からないのであれば（＝無知）、さまざまな投資対象に分散して投資していくほかないですが（＝リスクヘッジ）、たとえば右下の投資スタイルが最も儲かると理解できたのであれば、そのスタイルで集中投資したほうが、成長が早いということです。

　都心の土地を仕入れて建物を建築すると、利回り６％を超えるのが分かっているにもかかわらず、抽象的なリスク（不動産の価格が下落したらどうしよう、地震が起きたらどうしよう……）を恐れるあまり、地方の高利回りのアパート、あるいは株式や債券への投資などに分散投資してしまうと、力が分散して、右下の投資の規模が小さくなってしまい、資産の拡大がストップしてしまいます。

　それぞれのクワドランドには違った成功のルールがあります。右上で学んだ知識が右下ではまったく役立たないことがあ

ります。そして、すべてのクワドランドのルールを学んでいる
時間はないのです。

　資産を拡大させたいと志向するのであれば、まったく同じ投
資の手法を繰り返すべきです。

　以上(1)〜(3)を整理すると、不動産投資で人生を変える人の
ルールとは、「自分の持てる経営資源をすべて研ぎ澄ませて、
融資をめいっぱいに引いて梃子を利かせ、不動産投資クワドラ
ント右側の投資対象に向けて、集中的に繰り返し投資する」と
なります。

　ちなみに、富裕層で資産を十分に持っている人のルールは、
これと真逆になります。彼らは資産を増やす必要がないので、
投資の方法は分散投資（株が下がれば債券が上がるというよう
に複数の対象に投資することで、全体の資産を減らさない投資
方法）ですし、不動産投資の対象は左下です。レバレッジを効
かせて大きく投資する必要もないので、融資の利用も限定的で
す。

06 必要な投資額は？〜人生を変える過程

　この点、都心で土地を仕入れて建物を建築する投資手法（不動産投資クワドラントの右下）による場合、投資額はどの程度になるのでしょうか。

(1)　筆者の事例

　私がこれまで手掛けた案件で、ミニマムな投資額は1億円です。港区白金での土地で4,300万円、建築費で5,600万円程度でした。

　東京都心部は土地が高いので、1億円で投資できたのは希少なのですが、その理由は土地が狭小であったことによります。土地の面積で10坪程度でした。そこに、RC造で4階建て地下1階を建築して、年間賃料収入で600万円を超える想定※です。完成利回りは6.2％程度に仕上がる予定です。

　また、別の案件では、新宿区百人町という立地にて、土地で5,000万円（17坪程度です）、建築費入れて1億500万円程度の投資になり、利回りは6.5％程度になりました。

　このように、1億円程度の投資額でも案件はあります。ただし、ボリュームゾーンは2億円程度になることが多いです。

　港区白金で土地1億600万円、建築費入れて2億2,500万円程度で、利回り6.2％程度の案件を、私の塾生さん（**あとがき参照**）に紹介したこともあります。

※　本稿執筆現在、塾生さんのほうで建築中。

もちろん、規模の大きな投資もあります。渋谷区神宮前で、土地3億1,000万円、建築費入れて6億5,000万円程度の投資ですが、利回り6.4％程度の超優良案件もやっています。

(2)　人生を変える過程のセオリー

　以上のように投資額はさまざまですが、ミニマムで1億円の投資ということになると、自己資金で2,000万円程度を保有している必要があるかもしれません。昨今の融資の情勢に鑑みると、投資額の2割程度の自己資金は求められるでしょう。

　つまり、現段階でそこまでの資金をお持ちでない方は、まずは自己資金の塊を作ることから始めなければなりません。

　ここで、またしても不動産投資クワドラントをご覧ください。

　前節まで「右側で投資すべき」と述べてきましたが、自己資金が不足する方は右下への投資ができませんので、消去法で右上の投資からスタートすることになります。そして、右上の投資で自己資金の塊を作ることができてから（繰り返しますが2,000万円程度は必要と思います）、右下に移行するというのが順序です。

☞ **不動産投資クワドラント**

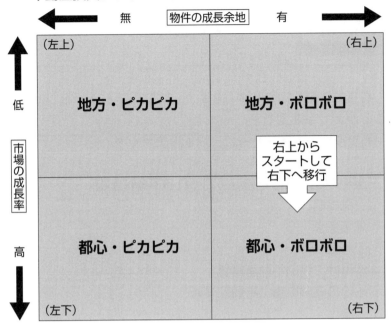

あるいは、これまで、左上や右上の投資をやってきた方で、保有する物件が足かせとなって新たな融資が引けないという方は、借入額を減らすべく、保有物件を売却してから（どういった物件を売却すべきかについては、**第3章ファイナンス戦略**を参照）、右下の投資に移行することになります。

このように、不動産投資で人生を変える過程としては、右上→右下という順を追うのがセオリーです（誤って左上でスタートしてしまった場合は、左上→右上→右下）。

07 チーム編成

　右下の開発型投資をするにあたっては、チームを組むということがとても重要です。

　必要なチームメンバーは、以下の7者です。

> ①土地の仕入れ情報を流してくれる不動産業者
> ②金融機関
> ③建築士
> ④工務店
> ⑤客付けに強い不動産業者
> ⑥出口の売却に強い不動産業者
> ⑦弁護士

　まず、同じ不動産業者でも、土地の情報を持っている業者と、賃貸の客付けに強い業者と、収益物件の売却に強い業者とで、持っている能力はまったく異なります。それぞれの役割を果たしてくれるスペシャリストを選定するとよいでしょう（①⑤⑥）。

　次に、金融機関は、重要なビジネスパートナーです。土地の仕入れの際には、融資特約※を付けずに契約することができれば、他に先んじて、安く仕入れることができます（詳しくは**第4章仕入れ戦略**を参照）。そのためには、金融機関とは日頃から連携しておき、融資可能な金額や条件を擦り合わせておいて、

※　融資特約……予定していた融資が金融機関等によって承認されなかった場合には、買主は不動産を購入する契約を解除して、契約を白紙に戻すことができるという特約。

いざ物件が出た際には速やかに融資の可否を判断してもらうという体制作りが必要となります（②）。

続いて、開発型の不動産投資において、「絶対になくてはならない」パートナーが建築士です。建築士に土地のボリュームプランを入れてもらわなければ、土地を買う判断ができません。土地の購入後も、建築士と相談しながら、その土地の最有効使用を検証していきます。有能な建築士の確保が、勝負の分かれ目となるでしょう（③）。

さらに、実際に工事をする工務店も重要なチームメンバーです。更地に一から建物を建築する場合、さまざまなイレギュラーな事態が降りかかります。自然災害もそうですが、土地の地中に障害物が出てきたり、近隣から工事を反対されたりといったことは起こり得ます。そのような場合でも、工程表通りに建築を遂行してくれる、管理能力の高い業者を選定したいところです（④）。

最後に、弁護士も必要です。弁護士といえば、賃貸経営のトラブルが起きてから相談に行くというイメージがあるかもしれませんが、それでは勿体ないです。土地を買う際に、法的な疑義があることによって価格が下がっている場合に、弁護士に相談した結果、疑義が解消されて安く買えるということは、実際にあります。弁護士に相談するタイミングは、実は土地を買うときなのです（⑦）。

ただし、弁護士にどのような相談をするかは注意しないといけません。彼らはリスクに臆病です。投資の可否を相談しても反対されることが多いでしょう。相談内容は法律に限るべきです。

以上のチームメンバーを結成すれば、個人でも「1人デベロッパー」として開発型投資を実行することができるでしょう。強いチームが組めれば、百戦危うからずです。

08 1人デベロッパーへの 5つのステップ

では、実際に「1人デベロッパー」への道はどのように切り拓いていくべきでしょうか。

具体的には、以下の①〜⑤のステップを踏むことになります。

①土地を探す
②設計事務所を探す
③賃料を査定する
④建築費を見積もる
⑤銀行に当てる

まずは、①土地を探すことから始めます（具体的な土地の探し方は**第4章仕入れ戦略**を参照）。

続いて、②設計事務所を探します。①でみつけた土地について、実際に建築プランを入れてもらいます。最初はインターネットや雑誌で紹介されている設計事務所に問い合わせることになります。もしくは、ツテがあれば、紹介を受ける手もあります。

建築士に建築プランを入れてもらったら、そのプラン通りに賃借人を募集した場合の③賃料がいくら見込めるかを査定します。賃料相場を把握しているのであれば自力で計算してもよいですが、不動産業者に査定してもらうほうが安心です。

ただし、不動産業者の査定が甘い場合がありますので、自分でも検証するべきでしょう（不動産業者は、自社で客付けや管理の依頼を受けたいという動機がありますので、高めの賃料を

査定してくることがあるからです)。

　続いて、建築プラン通りの建物を建築する場合の④建築費を出します。これは工務店に依頼することになりますが、通常であれば②の設計事務所から紹介を受けることができるでしょう。

　最後に必要なのが、上記の②建築プラン、③賃料査定、④建築費の見積もりを持参して、⑤銀行に当てるというステップです。銀行に「当てる」とは、このような金額、手法の投資案件について、銀行に融資の可否を問い合わせる行為をいいます。この⑤が最も重要です。
　仮に当該案件で融資が通れば、そのまま土地を購入することになりますし、融資が否決されたり、土地が他の投資家に買われてしまったりした場合でも、今後の融資の参考になります。次回の土地の仕入れの際に、融資特約を付けずに購入してよいかどうかの判断基準となり得るでしょう。

完成物件をすぐに売却する場合、業者登録は必要か？

　土地を購入して建物を建築する投資手法を取る場合に、建物完成後、保有するのではなく、すぐに売却してキャピタルゲインを得るつもりであるとすると、宅建業者登録する必要はないのでしょうか。

　一般の方の感覚としては、

・「業として」行う場合は、業者登録が必要ではないか？

・1回限りの取引であれば、「業として」にあたらないのではないか？

・間隔が空いていれば、2回取引があっても許されるのではないか？

といったところではないでしょうか。

　この点、宅地建物取引業法では、規制される「宅地建物取引業」について、以下のように定めています。

第2条第2項　宅地建物取引業

　宅地若しくは建物（建物の一部を含む。以下同じ。）の売買若しくは交換又は宅地若しくは建物の売買、交換若しくは貸借の代理若しくは媒介をする行為で業として行うものをいう。

　したがって、土地を購入後、建築した建物の売買を「業として」行う場合には、宅地建物取引業の免許が必要になります。免許が必要である根拠条文は、同法第3条と第

12条です。

第3条
　宅地建物取引業を営もうとする者は、二以上の都道府県の区域内に事務所（本店、支店その他の政令で定めるものをいう。以下同じ。）を設置してその事業を営もうとする場合にあつては国土交通大臣の、一の都道府県の区域内にのみ事務所を設置してその事業を営もうとする場合にあつては当該事務所の所在地を管轄する都道府県知事の免許を受けなければならない。

第12条
　第3条第1項の免許を受けない者は、宅地建物取引業を営んではならない。

　以上のように、「業として」不動産取引を行う行為は、免許を受けて行う必要があります。

　では、実際に「業として」の不動産取引にあたるかの基準はどうなっているのでしょうか。

　この点については、国土交通省が公表している「宅地建物取引業法の解釈・運用の考え方」において、次のように説明されています。

第2条第2号関係

I「宅地建物取引業」について

(1) 本号にいう「業として行なう」とは、宅地建物の取引を社会通念上事業の遂行とみることができる程度に行う状態を指すものであり、その判断は次の事項を参考に諸要因を勘案して総合的に行われるものとする。

(2) 判断基準

① 取引の対象者

　　広く一般の者を対象に取引を行おうとするものは事業性が高く、取引の当事者に特定の関係が認められるものは事業性が低い。

　（注）特定の関係とは、親族間、隣接する土地所有者等の代替が容易でないものが該当する。

② 取引の目的

　　利益を目的とするものは事業性が高く、特定の資金需要の充足を目的とするものは事業性が低い。

　（注）特定の資金需要の例としては、相続税の納税、住み替えに伴う既存住宅の処分等利益を得るために行うものではないものがある。

③ 取引対象物件の取得経緯

　　転売するために取得した物件の取引は事業性が高く、相続又は自ら使用するために取得した物件の取引は事業性が低い。

　（注）自ら使用するために取得した物件とは、個人の居住用の住宅、事業者の事業所、工場、社宅等の宅地建物が該当する。

④ 取引の態様

　　自ら購入者を募り一般消費者に直接販売しようとするものは事業性が高く、宅地建物取引業者に代理又は媒介

を依頼して販売しようとするものは事業性が低い。

⑤ 取引の反復継続性

反復継続的に取引を行おうとするものは事業性が高く、1回限りの取引として行おうとするものは事業性が低い。

（注）反復継続性は、現在の状況のみならず、過去の行為並びに将来の行為の予定及びその蓋然性も含めて判断するものとする。

また、1回の販売行為として行われるものであっても、区画割りして行う宅地の販売等複数の者に対して行われるものは反復継続的な取引に該当する。

したがって、「業として」に該当するかどうかは、

・取引の対象者
・取引の目的
・取引対象物件の取得経緯
・取引の態様
・取引の反復継続性

というさまざまな要因をもとに、事業性が高いか低いかを判断するということになっています。

たとえば、

> ・特定の対象者に（取引の対象者）
> ・相続税の納税を目的として（取引の目的）
> ・相続した土地を（取引対象物件の取得経緯）
> ・不動産会社に売却の仲介を依頼して（取引の態様）
> ・１回限りの不動産取引を行う（取引の反復継続性）

　という場合は、極めて事業性が低く、「業として」に当たらないと判断されるでしょう。

　他方で、冒頭のような、土地を仕入れて建物を完成させて、すぐに売却する行為は、たとえ、

> ・特定の対象者に（取引の対象者）
> ・不動産会社に売却の仲介を依頼して（取引の態様）
> ・１回限りの不動産取引を行う（取引の反復継続性）

としても、

> ・キャピタルゲインを目的として（取引の目的）
> ・わざわざ土地を仕入れる（取引対象物件の取得経緯）

のですから、「業として」にあたる可能性が高いです。

　したがって、当初より売却目的である投資家は、宅建業者登録する必要がありますので、要注意です。

第2章

堀塾の投資哲学 10 箇条

左側

右側

私が主催する「弁護士堀鉄平の不動産投資塾」（堀塾。**あとがき**参照）では、第1回の講義にて、本章の投資哲学をすべて修得していただいています。

　哲学のない投資は、近視眼的で、短期的な投資になってしまいます。昨今のような融資が引き締まった時期には太刀打ちできません。多くの投資家が常識と思っていることは、実は間違いであることが多々あるのですが、それに気づかないのは、投資家に哲学がないがため、周りに流されてしまう結果です（たとえば、利回りが高ければ高いほど良くて、融資はフルローンで、消費税還付をして、儲かったら節税して、物件は長期保有で……という常識は、必ずしも正解とは限りません）。

　投資哲学は、体幹です。体幹が優れている格闘家の放つパンチは、体勢が崩れていても強烈です。体幹が弱いアスリートがオリンピックで金メダルを取った姿を、私は見たことがありません。

　本章では、私の投資哲学10箇条を紹介します。

01 自分は何者で、何が したいのかを見極めよ

　第1章では、不動産投資で人生を変えるためには、自分からゲームに参加する必要があること、そしてゲームにはルールがあることと、そのルールの全体像をお話ししました。

　不動産投資の目的は人それぞれであり、人生を変えるほどに成功させたいと考えている人がいる一方で、投資はあくまで副業で、本業に支障のない範囲で取り組めば十分（そこまでの成果を求めていない）と考えている人や、そもそも資産は既に十分に築いているので、不動産投資で大きく儲けようと思っていない人もいます。

　つまり、そもそも投資の手法やスタイルは、それぞれの目的に従って決めればよいのであって、**第1章**で述べたような集中投資や右側投資が絶対ではありません。
　資産家で資産防衛する人は、融資は引かずに、左下の投資対象を中心に分散投資する傾向にあります。また、本業が忙しい高収入のサラリーマンで、「投資は副業程度」と考えているのであれば、業者が作った左上のパッケージ商品を購入して、手間をかけずに最低限の利回りを確保すればよいのかもしれません。

　しかしながら、「本当は資産を拡大したい」と思って投資しているつもりが、結果としてそうなっていないとしたら、それは大変不幸なことです。

多くの投資家は、自分が何者かを分からないまま、自分以外の何者かになろうとして、混乱したまま人生を生きています。本当は資産を拡大してお金持ちになりたいと思っているのに、目先の本業が多忙であるがゆえに投資はパッケージ商品を買ってしまう。その結果、がんばって働いた分の稼ぎを食い潰すような物件を掴まされてしまい、不動産投資に対して恐怖さえ抱いてしまうようになるのです。

　そして、そのような事態は、本人が意識しないうちに、そのような結果となってしまっていることがほとんどです。

　たとえば、Ａさんが不動産投資でしっかり稼ぎたいと思い立ち、不動産業者の主催する無料セミナーに参加したとしましょう。セミナーの第一部では、弁護士が「民法改正が不動産投資に与える影響」と題する講演をしました。続く第二部では、主催者が「初心者でも安心のアパート経営」と題するセミナーを行いました。セミナー終了後は、「無料相談」という名の商談が始まり、Ａさんは主催者の保有する物件（地方のピカピカ物件＝左上）を購入してしまうのです。

　Ａさんはサラリーマンで、今の収入では心もとないこともあり、「資産を拡大したい」と思っていたのですが、結局は儲からないパッケージ商品を買ってしまいましたので、目的を達成することはありません。

　また、Ｂさんは、私の投資塾で勉強し、都心部の土地に建物を新築する右下の投資で「資産を拡大していこう」と意気込んでいるのですが、いざ土地を買おうと銀行に打診したところ、融資が付きませんでした。Ｂさんは高収入で属性が良いので、なにゆえ融資が引けなかったのか疑問に思っていたところ、実は半年前に住宅ローンを組んで六本木のタワーマンションの１室を購入していたことが発覚しました。

Bさん曰く、「家賃がもったいないのでマンションを買いました」「住宅ローンは融資が付きやすかったので」ということですが、人には銀行から借りることのできる信用枠というものが決まっていて、住宅ローンであろうと、その分の負債が信用枠を減らしてしまいます。本来、右下の儲かる投資をすべきであるにもかかわらず、家賃分相当の収益しか生み出さない自宅のために信用枠を使い切り、結果として投資ができなくなってしまったのでした。

　そもそも六本木のタワーマンションは、左下の典型です。資産を拡大するステージでは、左下の投資は絶対にNGです。

　AさんとBさんの例は、巷でよくみかける失敗例です。

・Aさんは、右上に投資をすべきところ、左上の投資をしてしまった
・Bさんは、右下の投資をしたかったにもかかわらず、左下の投資をしてしまった

ということです。

　まずは、自分はどのような立場で投資に向き合っていくべきなのかを見極めるべきです。そのうえで、不動産投資クワドラントのどのポジションで投資すべきかを、決める必要があります。

投資哲学　第1条
　　まずは、自分が何者で、何がしたいのか、これを見極めよ。
　　そして、資産を拡大させたいと思うならば、右側の投資に集中すべし。

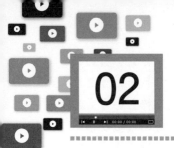

02 マーケットが成長する場所で投資せよ

繰り返すようですが、不動産投資クワドラントをご覧ください。

☞ **不動産投資クワドラント**

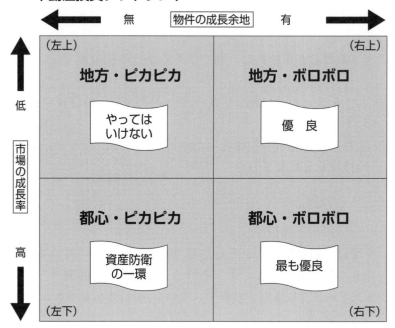

左上の投資をやってはいけないことは、一目瞭然でしょう。「市場も成長しない」かつ「物件の成長余地もない」ので、当然です。

では、**左下**はどうでしょうか。

左下は、基本的には、富裕層の人が資産防衛の一環として投資すべきものです。しかしながら、左下の物件にキャピタルゲイン目的で投資している人がいます。外国人投資家です。外国人からすれば、日本、特に東京都心部の物件は、割安なのです。

　というのも、不動産投資ではイールドギャップといって、投資利回りと長期金利との差が実際の利益となるのですが、東京の高級オフィスビルの投資利回りから長期金利（10年国債金利）を引いた利回り差は2.8％程度となっているそうです。これは、2％台前半のロンドンや1％を切ってしまうニューヨーク・香港と比較すれば、かなり高い水準であることが分かります。金利水準が変わらなければ、東京のイールドギャップがニューヨークや香港と同じになるためには、東京の不動産価格が今の2倍以上になる必要があります。

☞　**主要都市のイールドギャップ**

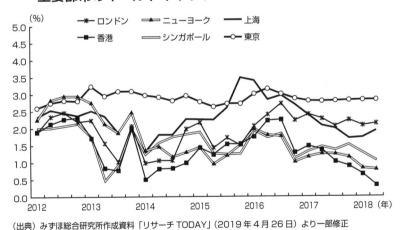

(出典) みずほ総合研究所作成資料「リサーチ TODAY」(2019年4月26日) より一部修正

　海外の富裕層や投資ファンドは、日本の金利はしばらく上がらず、他方で、都心部の賃料は上がっていく（一極集中で人口が増えて、再開発等で地価も上昇する）と想定するならば、イー

ルドギャップがますます増えていく、と期待しているのです。そのようなロジックで、都心部の物件は価格が長期的に上がっていくと判断します。

　このように考えると、<u>マーケットが成長する場所で、自ら開発して投資していくスタイル（右下）こそ、最も優良な投資スタイルといえます。</u>

　自らゲームに参加して、パッケージ商品を作るという点では、右上と右下は同じですが、やはり右下投資のほうが優れていると言わざるを得ません。有能な経営者は、市場が縮小する場所でわざわざビジネスをやることはしないのです。

　ちなみに、地方でボロボロの築古物件を購入して、リフォームなどして満室にしたうえ、左上の投資家に売却する行為は、現在のように融資が引き締まっている時期には売却が難しいです。左上のサラリーマン投資家に融資が付かないからです。また、マーケットが縮小するのを前提としていますので、外国人投資家も興味を示さないでしょう。

投資哲学　第2条
　マーケットが成長する場所で投資せよ。
　されば、市場の成長とともに、利益が得られよう。

03 私に支点を与えよ、されば地球を動かしてみせよう

　どんなに優良な物件に投資できたとしても、保有している物件が1件だけであれば、「脱サラ」したり、「億を稼ぐ」といった、人生を変えるような投資にはなりません。特に、長期でインカムゲインを得ることを目的とする場合は、投資する不動産の数を増やせば増やすだけキャッシュフローが出るわけですから、規模を拡大することが至上命題となります。

　そして、規模拡大のためには、金融機関の融資を受け続けることが必須であり、限られた自己資金を活用して「梃子の原理」を継続して利かせていく必要があります。

　まさにアルキメデスの名言のように、しっかりと支点を固定して、梃子を利かせることで投資の規模を拡大し、（地球を動かすとまではいわないものの）人生を変えてみせよう、というわけです。

　では、どのようにすれば支点を固定することができるのでしょうか。その方法はいくつかありますが、自己資本比率を高めることは必須です。

　自己資本比率とは、総資産に占める純資産の割合です。銀行評価の低い物件を持っていると、純資産が低く評価されてしまうので、自己資本比率は低くなります。

　したがって、まずは、手持ちの不動産の銀行評価と時価が乖離している物件をピックアップして、それらをただちに売却する必要があります。

たとえば、次の図のように、6,000万円の物件について5,000万円の融資を引いて（自己資金1,000万円）購入し、4,000万円の物件をフルローンで購入した投資家がいるとします。借入れは9,000万円、純資産は1,000万円で、自己資本比率は10%です。自己資本比率はできれば20%以上は必要であり、10%の状態では次の融資が厳しい状態です。

☞　フルローンで購入（自己資本比率10%）

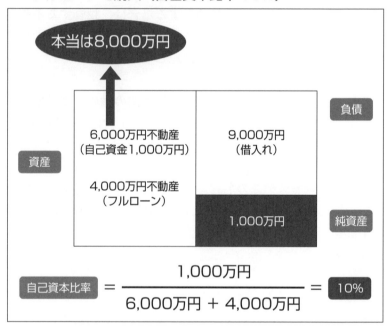

ここで、6,000万円の物件は、仮に売却すれば8,000万円の時価であるとします。6,000万円で買った物件の時価が8,000万円なのであれば、総資産は1億2,000万円、純資産は3,000万円となり、自己資本比率は25%（3,000万円÷1億2,000万円）であるといえそうです。

しかし、金融機関はそのように見てくれません。金融機関による不動産の評価は「銀行評価」といって、路線価や国定資産評価額で評価されることが通常ですので[※]、仮に時価が8,000万円であろうと、むしろ銀行評価は3,000万円ということもよくあります。

もしも6,000万円で購入した物件の銀行評価が3,000万円であるとすると、総資産7,000万円に対して借入れ9,000万円ですので、2,000万円の債務超過です。債務超過と判断されれば、自己資本比率を語る以前に融資は不可能となります。

☞ **銀行評価では債務超過**

そこで、このように、時価よりも銀行評価がかなり低い物件については売却して、債務超過を解消し、自己資本比率を高めることが必須です。6,000万円の物件を売却した場合の自己資本比率の計算は、次のようになります。

※　不動産に対する銀行評価の方法は金融機関により異なる。詳しくは**第3章ファイナンス戦略**を参照。

総資産＝3,000万円の現金（6,000万円の物件を8,000万円で売却して5,000万円を返済）＋4,000万円の不動産（4,000万円で購入した物件は銀行評価も4,000万円とします）＝7,000万円

純資産＝7,000万円－4,000万円（4,000万円の物件の借入れ）＝3,000万円

自己資本比率＝3,000万円÷7,000万円＝42.8%

　これにより、自己資本比率が劇的に改善され、次の融資が引きやすくなります。

☞　売却で自己資本比率を改善

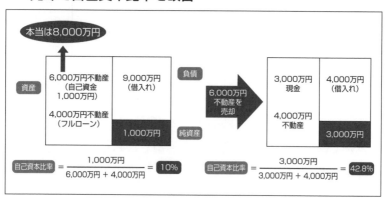

　以上のように、時価と銀行評価が乖離している物件の売却を織り交ぜながら、自己資本比率を高くすることで、支点を強く固定することができます。

支点が固定されれば、さらなる融資が引き出せますので、規模を拡大して、多額のキャッシュフローを生み出す状態に持っていけるはずです。

投資哲学　第３条
　　私に支点を与えよ。
　　されば、地球を動かしてみせよう。

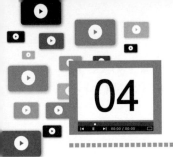

04 最初の塊を用意せよ

　以下のグラフをご覧ください。私がキャピタルゲインで資産を拡大してきたイメージ※です。

☞　**筆者のキャピタルゲインの年次推移**

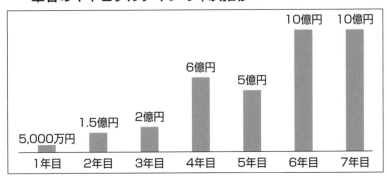

　ここで注目すべきは、キャピタルゲインの金額は、一定でもなく、経験年数に比例してきれいに上がっていくものでもなく、階段状に2～3年周期で突然上がっていく、ということです。

　この原因は、自己資金の多寡によります。当初の3年間は、自己資金3,000万円の範囲で投資していました。そうすると、投資できる金額は3億円程度が限界となります。

※　筆者の支配するグループ会社の合計と、投資先の法人で筆者がアセットマネジメントした投資の売却益も計上している。あくまで概算であり、実際の数字とは誤差がある。また、売却益は税引前であり、ここから法人税等を支払う。

そのときどきの金融機関の融資に対する貸出態度によりますが、３億円程度の融資を引くためには、最低でも自己資金１割が求められます。

　３億円の投資に対して、仮に利益率40％程度のキャピタルゲインを得るとすれば、１億円超程度となります。当初３年間のキャピタルゲインの金額は、そのような理由からです。

　続いて、４年目でキャピタルゲインが急に６億円に増えています。これは、当初３年間で得たキャピタルゲインの塊を自己資金として、より金額の大きな物件に投資したことによります。この頃は、不動産投資に充てられる自己資金で３億円程度は保有していました。３億円あると世界が変わります。

　たとえば、「自己資金１億円を入れます」といえば、５億円の投資（４億円を銀行融資）が余裕で実行できます。そもそも３億円の現金を保有している人が、さらに投資額の２割の自己資金を入れるのですから、銀行としては融資の難易度が低い案件となります。自己資金１億円を投入した５億円の投資を３件同時に走らせれば、それぞれで利益率40％を確保できたとして、ちょうど６億円の売却益という計算と合います（５億円×40％×３件）。

　このようにして自己資金が10億円を超えてくると、もはや何でもできる状態になります。

　仕入れの際に、銀行融資が付くのかどうかを心配する必要が「まったくない」状態となりますので、融資特約[※]不要で買付を入れることができます。そうすると売主としては確実な取引になるので、早く売却を決めたいと思うならば、市場価格より

※　前掲・44頁脚注を参照。

も安く売却してくれることが通常です。

　さらに、そのような「早く」「確実に」買える投資家となれば、不動産業者は次々に優良な物件の情報を持参します。情報が一極集中で集まってきますので、さらに良い案件に投資できるのです。

　このように多額の利益を上げることができるようになったのは、「最初の塊＝3,000万円」を用意したからです。最初の塊をもとにキャピタルゲインを得て、「次の塊＝3億円」を得ることで、自分の投資ステージを変えることができたのです。

　以上、私が不動産投資をキャピタルゲイン中心に展開しているのは、塊を作るためです。

投資哲学　第4条
　　最初の塊を用意せよ。
　　されば世界が変わるであろう。

05 節税や分散投資は 左下のセリフである

　金融庁のウェブサイト※では、以下のように、分散投資を奨励する記述があります。

リスクを減らす方法の一つに分散投資があります。分散投資には、「資産・銘柄」の分散や「地域の分散」などのほか、投資する時間（時期）をずらす「時間（時期）分散」という考え方があります。

(略)

　投資対象となる資産や、株式等の銘柄には様々なものがありますが、それぞれの資産・銘柄は、常に同じ値動きをするわけではありません。例えば、一般的に、株式と債券とでは、経済の動向等に応じて異なる値動きをすることが多い（例えば株式が値上がりするときには債券が値下がりする等）と言われています。

　こうした資産や銘柄の間での値動きの違いに着目して、異なる値動きをする資産や銘柄を組み合わせて投資を行うのが「資産・銘柄の分散」の手法です。こうした手法を取り入れることで、例えば特定の資産や銘柄が値下がりした場合には、他の資産や銘柄の値上がりでカバーする、といったように、保有している資産・銘柄の間で生じる価格変動のリスク等を軽減することができます。

※　https://www.fsa.go.jp/policy/nisa2/knowledge/basic/index.html

この記載からも明らかなように、分散投資の本質は、「異なる値動きをする真逆の投資対象を買うことで、プラスマイナス0を目指す」ことに他なりません。

要するに、分散投資は、資産を拡大する目的ではないのです。

金融庁がこのように分散投資を奨励しているのは、国民には資産を拡大するノウハウがないことを前提に、せいぜいマイナスにならないようにという、老婆心からです。

それゆえ、資産を拡大するノウハウのある投資家にとっては、分散投資をしていても資産拡大の機会を逃すだけなのです。

逆にいえば、そもそも資産拡大する必要のない（資産を防衛するステージの）資産家にとっては、分散投資は是非とも取るべき手法ということになります。不動産投資クワドラントの左下の資産家は、先祖より受け継いだ資産をマイナスにすることのないように、「異なる値動きをする真逆の投資対象を買う」必要性があるでしょう。

また、節税についても、資産拡大を志向する投資家にとっては大きな「足かせ」となる手法です。

節税を多用する投資家や経営者は、

①多額の生命保険に加入し、生命保険料の支払いの半分を損金で計上する
②中古のフェラーリを購入して、減価償却費として一括で損金計上する
③オペレーティングリースに出資して、減価償却費を損金計上する
④太陽光発電に設備投資して、減価償却費を損金計上する
⑤年間800万円の飲み代を、接待交際費として損金計上する

などなど、やりたい放題です。

　このうち①〜④は、税金の支払いを繰り延べているだけです。目先の納税は逃れられますが、生命保険の解約返戻金（①）、車両の売却代金（②）、リース資産売却時の分配金（③）、太陽光による売電収入（④）に対して、それぞれ税金が課税されます。

　たまたま、利益が出るタイミングで（保険の解約のタイミングなど）赤字を作ることができれば、解約返戻金（①）を受け取っても課税される利益が出ませんので、実際に節税できたことになりますが、将来赤字になることを予想して節税商品を購入するのもおかしな話です。

　しかも、仮にうまくタイミングを合わせて節税できたとしても、その利回りは2〜3％程度にすぎません。生命保険を例にとって説明しましょう。

☞　**生命保険の例**

5年間の払込保険料累計	5,496,120円
5年経過時点の解約返戻金	5,313,000円（単純返戻率96.67％）
5年間で計上できる損金	2,748,060円（払込保険料の半金）
5年間で節税できる金額	961,821円（損金×税率35％）

　この例では、5年間の実質返戻率は114％（（解約返戻金＋節税額）÷払込保険料）です。

$$\frac{5,313,000\,円 + 961,821\,円}{5,496,120\,円} = 114\%$$

　そうすると、1年あたりの節税による利回りはわずか2.8％程度となります（14％÷5年）。

　そして、5年経過して保険を解約する際に、特段の赤字を計上していない場合は、損金計上した2,564,940円（解約返戻金－保険積立額）が利益として算入されてしまいますので、その時点で結局897,729円の課税がされることになります。

　要するに、上記2.8％の利回りが0になるどころか、100の払込保険料に対して96.67％の返戻金しか返ってきませんので、損をすることになるわけです。

　以上、生命保険による節税は、

> ・課税を繰り延べているだけ
> ・むしろ損をすることになる
> ・繰り延べて赤字をタイミングよく計上できた場合でも、利回り換算すると2〜3％程度に過ぎない

という仕組みといえます。

　そして、節税することによる一番の問題は、上記のような経済的損失にとどまらず、実は、融資を引きにくい体質にしてしまい、成長が止まってしまうということなのです。

　節税をするためには、現金を拠出するか、借入れをして、節税商品に支払いをする行為が伴います。そうすると、バランスシートの資産の現金が減るか、負債として借入れが載ってきます。

他方で、節税商品は資産に計上されますが、実際に拠出した金額よりも低く計上されることになります。①の半分損金計上した生命保険商品は、資産計上できるのは半分のみですので、純資産がその分減ります。

　②〜④の商品についても減価償却費で損金計上した金額が簿価から引かれますので、その分だけ純資産が減ることになります。

　ちなみに、⑤の接待交際費については、単に現金が減るだけですので、純資産が減るのは分かりやすいと思います（仕事と直接関わりのない友人や知人、家族との会食・レクレーション費用は、そもそも接待交際費として計上できません）。

　このように純資産を減らしてしまうことは、実は大きな問題です。当然、銀行融資を引くということに関してマイナスに働きます。たかだか利回り２〜３％程度のために、利益率30％超の投資により資産拡大する機を失してしまうのです。

　やはり、節税も、もう資産を拡大する必要のない、不動産投資クワドラントの左下（資産家）のセリフということができます。

投資哲学　第5条
　　節税や分散投資は、左下のセリフである。
　　資産拡大を望む者は、純資産を増やして、集中投資すべし。

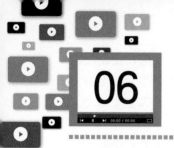

06 仕入れを制する者は不動産投資を制す

　不動産業者は、物件を仕入れた後に、必ずエンドユーザーに売り出しますので、市場価格（エンド価格）よりも安く仕入れないと利益が出ません。したがって、不動産業者は仕入れの目を厳しくして、物件を安く買うことに注力しています。

　ということは、不動産業者と同じ価格で物件を仕入れることができれば、仕入れた時点で含み益が出ているということになります。

　では、不動産業者はどのように物件を仕入れているのでしょうか。その買い方は、「①即決＋②現金買い」です。

☞　**不動産業者の買い方**

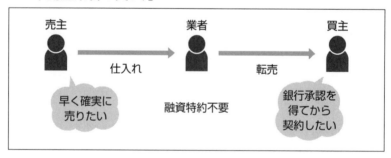

　売主には、「早く、かつ、確実に売りたい」というニーズがあります。他方で、個人の買主には、「融資が承認されてから契約したい」というニーズがあります。

　売主にとっては、融資が付くかどうか不安定な個人の買主よりも、現金で確実に買ってくれる不動産業者に買ってもらうほ

うが安心です。また、不動産業者は判断も早いので、個人の買主が買うかどうかの判断に時間がかかっている間に、さっさと買付けを入れてしまいます。

　このような要因から、不動産業者はいち早く物件を仕入れて、その後、利益を乗せてから個人の買主に売却するということが不動産取引の常態となっています。

　そうすると、不動産業者と同じ仕入れ価格で購入するためには、①早く＋②融資特約なしで契約するということが必要になります。　②融資特約なしで購入できるようになるためには、現金の塊を用意するか、**第3章ファイナンス戦略**をご参照ください。また、①早く判断できるようになるためには、**第4章仕入れ戦略**をご参照ください。

投資哲学　第6条
　　仕入れを制する者は不動産投資を制す。
　　不動産業者と同じ仕入れ値で購入できれば、
　大きな含み益を得られよう。

07 アービトラージを 狙うべし

　アービトラージとは、ある１つの商品について、価格差のある２つ以上の評価がなされた場合、安い評価で取得し、高い評価で売却することで、その差益を得ることをいいます。「裁定取引」とも呼ばれます。

　不動産においては、たとえば、賃貸中の区分マンションが4,800万円で販売されていた（年間賃料240万円÷期待利回り５％）が、購入後、賃借人が退去したので実需向けに販売したところ、6,000万円で売れてしまったというケースがこれに該当します。

　賃貸中のマンションは収益還元法での価格算出になるので、賃料収入と期待利回りで価格が評価されます。他方で、マンションを実需向けに販売する場合は、取引事例比較法で価格算出されますので、近隣の類似マンション価格との比較で価格が評価されます。両者の価格にはギャップが生まれることが多いです。このギャップを狙い、低い価格で購入し、高い価格で売却すれば差益を手にすることができるのです。

　このように、<u>不動産投資におけるアービトラージとは、要するに、収益還元法で決まる価格と取引事例比較法で決まる価格との乖離に着目して投資する手法をいいます。</u>
　同じ不動産でも、収益還元法で決まる価格と取引事例比較法で決まる価格は異なるので、それぞれの価格を算出して、買う場合は低い価格で算出されている物件を購入し、売る場合は高

い価格で算出して売却するのです。

　現在の都心部の商業用地は、バブルの様相を呈しています。誰もが収益物件を建築して利益を得ようとしている土地は、収益還元法でギリギリまで高く評価され、もはや利益が出ない程度に土地が高くなっています。

　投資家も不動産業者も、都心の商業用地に建築プランを入れて、テナントに賃貸した場合の想定賃料を出します。次に、この賃料を「建築費＋土地代」で割り戻して利回りを算出します。そして、その利回りが４％程度になってしまっても土地を買う、という選択をするのです。

　これでは、収益物件を建築するために、収益還元法で土地を買うことになりますので、アービトラージが効いていません。

　私の投資手法は、都心部で土地を購入して、収益物件を建築するものですが、土地の仕入れにアービトラージを使います。

　収益物件を建築する際に、取引事例比較法で価格が付けられている土地を探すことになるのですが、それは住宅地ということになります。

　住宅地について、取引事例比較法で決まる価格で購入し、そこに収益物件を建築した後に、収益還元法で決まる価格で投資家に売却するのです。

　住宅地は実需で、居住目的の方の出せる予算の上限により価格が決まっていますので、昨今のような不動産価格が上昇している時期でも、バブルとまではなりません。

　ですので、私は、収益物件を建築する土地としては割安な住宅地で土地を仕入れ、完成後は、利回り商品として投資家に売却しているのです（住宅地について、取引事例比較法からは平均的な価格で購入し、そこに収益物件を建築することで、収益還元法からは高い価値の物件と評価される投資事例として、**第**

4章仕入れ戦略の 02 土地を購入する見極めを参照)。

　アービトラージはさまざまな投資局面で有効です。投資家の腕の見せ所といえるでしょう。

投資哲学　第7条
　アービトラージを狙うべし。
　されば、大きな利益が得られるであろう。

08 交渉の奥義を身につけよ

　不動産投資は金額が大きいので、交渉力を身につければ、売買の条件面において圧倒的な差が出ることがあります。

　本書では、交渉の奥義の一例として、「争点については必ずパッケージで交渉せよ」という技術を紹介します。

　物件を買う際の交渉では、売買金額に最も関心があるのは当然です。ですので、売出価格が1億500万円の物件について、「500万円の端数をカットしていただけないでしょうか？」とか、「消費税は込みでしょうか？」などと交渉していくのが自然です。

　ところが、売主が強気で、「値引きは一切していない」「他の買主候補から買付けが入りそう」といった反応があった場合は、どうすべきでしょうか。

　どうしてもその物件を欲しい場合は、買うことを優先しますので、満額で買付けを入れます。ただし、価格でこちらが全面譲歩するのですから、売主の心理としては「少しくらいは買主の要望を受け入れよう」となっている状況です。その機運を逃さずに、

- ・売買価格
- ・契約・決済スケジュール
- ・建物価格
- ・解体費用、残置物の処理費用
- ・測量費用、境界の同意取得
- ・契約不適合責任（※ 2020 年 3 月以前は瑕疵担保責任）
- ・融資利用特約
- ・私道の通行・掘削承諾取得

といった争点を交渉するとよいです。たとえば、

「価格は満額でよいので、現状の古屋の解体は売主負担でお願いします」
「契約不適合責任はつけてくださいね（免除しませんよ）」
「融資利用特約を付けないでよいので、価格を100万円だけ下げられませんか？」

といった具合です。

　これら争点のうち建物価格は、売買代金1億500万円の内訳を土地と建物でいくらずつにするのかという争点ですが、消費税や減価償却費に影響しますので、実は重要な争点なのです。

　測量や境界確認は、通常、売主が責任をもってやりますが、万一取得できない事情がある場合は、売買代金の交渉材料になります。

　重要なのは、価格をいったん決めた後で、これら別の争点を交渉すると、売主と買主の立場はリセットされ、一から交渉することになってしまいますが、価格を決めるのと同時であれば、価格について譲歩することを条件に他の争点について相手の譲歩を引き出すことが可能ということです。

　他にも交渉の奥義はいくつもありますが、また別の機会に譲りたいと思います。

投資哲学　第8条
　　交渉の奥義を身につけよ。
　　されば、全局面で思い通りの成果が得られるであろう。

09 バリューアップはアートの世界である

　右下の投資とは要するに、都心部で、更地もしくは築古の物件を仕入れてきて、建物を新築あるいは建替えをし、土地の価値を最大限に活用するという方法です。

　築古の物件は、容積率を使い切らずに低い階層で建てられていることがよくあります。本当は7階建てになるのに、あえて木造で2階建てとなっている建物をよくみかけます。

　また、築年数の古い物件は、賃料単価も安く、収益を生み出せません。

　貸せる面積が小さくて、貸す単価が低いので、土地の価値を生かせていないのです。都心部で土地の価格が高い地域では、このことが致命傷となります。

　よって、そのような「本当は価値がある土地であるにもかかわらず、自分の力を発揮できていない土地」を安く買ってきて、「本当の力」を引き出してあげるというのが、右下の投資家の使命となります。

　本当の力を引き出すため、さまざまな発想で、他にない価値を創造できれば、ときにそれは「アート」といえる領域にさえなります（バリューアップ戦略は**第5章**で解説）。

　プロ野球の世界で、「野村再生工場」と呼ばれた故・野村克也氏をご存知でしょうか。

　野村氏は、南海の監督時代から、他球団で自由契約やトレー

ドで放出された選手を獲得し、見事に復活させるという手腕が注目され、のちに「再生工場」のニックネームがつきました。野村氏は、選手の「本当の力」を引き出して、ヤクルトスワローズの監督時代、万年Bクラスだったチームを4度優勝させています。

　不動産投資クワドラントの右下で投資するというのは、いわば不動産投資の再生工場なのです。

　ちなみに、読売巨人は、「30億円補強」などといわれるように、他チームの主力選手をお金の力で買ってきて、4番バッターやエースをズラリと揃える補強を繰り返してきました。

　いわば、できあがった商品を買っているわけですが、結果は上手くいっていません。過去を振り返れば、ＦＡ（フリーエージェント）でヤクルトから広沢克己（広澤克実）、広島から川口和久、メジャーリーガーのシェーン・マック、ヤクルトを自由契約になったジャック・ハウエルなどを獲得した1995年は3位、FAで西武から清原和博などを獲得した1997年は4位という成績に終わっています。2017年もDeNAから山口俊、ソフトバンクから森福允彦、日本ハムから陽岱鋼と史上初の「FAトリプル補強」を敢行しましたが、Bクラスの4位に転落しています（文中敬称略）。

　巨人の補強戦略は、不動産投資クワドラントでいえば左下の投資手法です。パッケージ商品を買ってくるので、あまり儲からないのです。

　私は実は巨人ファンなのですが、お金持ちになりたければ、野村氏にこそ学ぶべきといえます。

投資哲学　第9条
　バリューアップはアートの世界である。
　卓越した発想で、他にない価値を創造できれ
ば、それは「アート」である。

10 出口戦略はコトラーに学べ

　不動産を売却する際に、「仲介業者に渡して任せるだけ」という方が多いのではないでしょうか。

　それでは売れるものも売れず、かつ、不当に低い価格で売らされてしまう、といったことも起こり得るでしょう。

　私の場合は、都心部の物件を利回り4％程度で売却していますが、売却における出口戦略は、フィリップ・コトラーのマーケティング戦略を参考にしています。

　コトラーはアメリカ合衆国の経営学者（マーケティング論）で、「マーケティングの神様」と呼ばれています。代表的な功績の1つである「ＳＴＰ分析」は、コトラーが考案したマーケティングのフレームワークであり、不動産の売却の際に大変参考になります。ＳＴＰを一言でいうと、「あなたの商品やサービスを求める人に正しく届ける手法」となります。

　ＳＴＰは、以下の3つに分解されます。

①セグメンテーション（Segmentation）
②ターゲティング（Targeting）
③ポジショニング（Positioning）

　①**セグメンテーション**は、「市場細分化」とも呼ばれます。文字通り、市場を細かく分けていく手法です。

　不動産の売却先でいえば、たとえば次のように細分化できます。

- 実需
- サラリーマン投資家
- 相続税対策の富裕層
- IPO 長者
- REIT、ファンドなどプロ
- 外国人投資家

　②**ターゲティング**は、「標的市場選定」とも呼ばれます。①セグメンテーションを行った後、数あるグループの中から、どのグループで勝負をするのかを決めるステップです。標的(ターゲット)とするかを決めるので、ターゲティングというわけです。

　たとえば、セグメンテーションした上記買主候補のうち、最近、高額の物件を買っているのは、

- IPO 長者
- REIT、ファンドなどプロ

と判断し、彼らをターゲットとするなどです。

　③**ポジショニング**は、自社の商品やサービスを「どのように差別化するのか？」を、徹底的に考えるステップです。

　要するに、「他社ではダメで、自社でないといけない"差別化のポイント"は何なのか？」を考えます。「製品コンセプト」といってもよいでしょう。

　高い価格で不動産を売却するためには、ポジショニングこそ最重要で、そのようなコンセプトは、ターゲットごとの購入目的から考えることになります。

前述のセグメントごとに、不動産の購入目的として考えられるものを挙げておきます。

・実需……利便性、資産価値
・サラリーマン投資家……キャッシュフロー
・相続税対策の富裕層……相続税の節税、資産価値
・IPO長者……安定したインカムゲイン、ステータス
・REIT、ファンドなどプロ……大規模＋長期安定収入
・外国人投資家……キャピタルゲイン

　これらの購入目的に沿う物件となるように差別化して、物件を仕上げていくべきとなります（**第6章出口戦略**では、ターゲットごとに、具体的にどのように販売していくのかについて4P戦略を紹介）。

投資哲学　第10条
　　出口戦略はコトラーに学べ。
　　マーケティングの各種戦略は不動産投資にも当てはまるであろう。

コラム 2 複利のパワー

　20世紀最大の物理学者ともいわれるアインシュタインが「人類最大の発明」と称したのは、「複利」です。
　複利とは、「元本だけでなく、利子が利子を生む」という考え方のことです。複利の対義語に「単利」があり、これは最初の元本だけが利息を生み続けるものを指します。

　たとえば、1,000万円の元本が年利5%で運用できるとして、1年目の利子50万円を元本に組み入れて、2年目の元本を1,050万円として複利で運用する場合と、元本は2年目以降も1,000万円として単利で運用する場合とで、以下のような差になります。

単利
1年目　1,000万円（元本）＋50万円（利子）
2年目　1,000万円（元本）＋50万円（利子）＋
　　　　50万円（利子）
3年目　1,000万円（元本）＋50万円（利子）＋
　　　　50万円（利子）＋50万円（利子）
3年間合計　1,150万円

複利
1年目　1,000万円（元本）＋50万円（利子）
2年目　1,050万円（元本）＋52.5万円（利子）
3年目　1,102.5万円（元本）＋55.1万円（利子）
3年間合計　1,157.6万円

3年間で7.6万円の差となりました。

　複利によると、元本も、毎年の利子もどんどん増えていき、時間が経過するにつれ、単利との差は広がっていきます。

　そして、このことは、不動産投資のように金額の大きな投資で、かつ融資でレバレッジを利かせる投資になると、より当てはまります。

　たとえば、自己資金2割（当初2,000万円）で、利益率40％の開発型の不動産投資（売却までの期間2年）を6年間で3回行った場合の現金の増加推移は、次の通りです（このような投資手法は、宅建業者登録することが必要です。また、各種手数料、税金は度外視しています）。

	1回目	2回目		3回目		
		2年後		4年後		6年後
単利	2,000万円	＋4,000万円		＋4,000万円		＋4,000万円
複利	2,000万円	＋4,000万円		＋1.2億円		＋3.6億円
		→6,000万円を再投資		→1.8億円を再投資		
		（借入れ2.4億円）		（借入れ7.2億円）		

　※　単利の場合は、開発利益は次の投資の自己資金に回さず（自己資金は2,000万円のまま）、複利の場合は、開発利益をすべて次の投資の自己資金に入れる（1回目の開発利益4,000万円を2回目の投資の自己資金に入れて、自己資金6,000万円とする）前提とします。

※　1回目の開発利益を以下のように仮定しています。

借 入 れ 8,000 万円
自己資金 2,000 万円
_____

投資額　1億円
　→　　　1億4,000万円で売却　→　　1億4,000万円
　　　　　　　　　　　　　借入れ返済△ 8,000 万円
　　　　　　　　　　　　　　　　　　　　_____
　　　　　　　　　　　　　　　　　現金 6,000 万円

　複利の場合、2回目の投資は投資額3億円（自己資金6,000万円＋借入れ2.4億円）、3回目の投資は投資額9億円（自己資金1.8億円＋借入れ7.2億円）とします。

単利の場合の6年後の現金保有高＝当初2,000万円＋4,000万円×3回分＝1億4,000万円

複利の場合の6年後の現金保有高＝当初2,000万
　＋1回目の売却益4,000万円
　＋2回目の売却益1億2,000万円
　　（投資額3億円の40%）
　＋3回目の売却益3億6,000万円
　　（投資額9億円の40%）＝5億4,000万円

以上のように、不動産投資をキャピタルゲイン目的として、現金を早期に回収して、その現金を再投資に回した場合の複利のパワーは凄まじい効果を発揮します。

　資産を拡大していきたい方は、このように、キャピタルゲイン→再投資→複利で規模拡大という流れが最も効果的です。

第 3 章

ファイナンス戦略

2018 年にはかぼちゃの馬車事件[※1] およびスルガ銀行の不正融資、2019 年にはレオパレス 21 事件[※2] が明るみに出るなど、個人レベルの不動産投資にまつわる負の問題が顕在化しています。

　日本では有史以来の低金利状態が続いているため、本来は利ザヤで稼ぐはずの金融機関は経営が苦しくなり、2015 年頃から、利益の出しやすい個人の不動産投資に対して、目に余るような緩い基準で融資をしてきました。その最たるものが、スルガ銀行のかぼちゃの馬車オーナーへの融資だったのです。預金残高を改竄（かいざん）したり、売買金額を取引額よりも高く書きこんだ契約書を作成したりするなど、不動産業界の一部では日常風景であったことが、にわかにクローズアップされてしまいました。

　その結果、個人の不動産投資に対する銀行融資は極端に審査が厳しくなり、現在、メガバンクからはほぼ融資を引き出せない状態になっています。スルガ銀行にならって積極的に不動産担保融資を行っていた一部の地方銀行や信用金庫も、警戒色を露（あら）わにするようになっています。金融庁が金融機関に対して「個人の不動産投資に対する融資は、しっかりと審査しろ」というプレッシャーをかけているのです。つまりは「デタラメに貸すな」ということです。

　ですから、昨今の金融機関は、金融庁などの監督官庁に突っ込まれても、きちんと説明できる融資しか行わなくなっているといえます。そのような時世の中、ファイナンス戦略をしっかり構築していく必要があります。

※1　株式会社スマートデイズによるシェアハウスのサブリース事業が破綻し、物件オーナーへのサブリース賃料が未払いとなった事件。
※2　賃貸アパート大手のレオパレス 21 が、建築基準法の規定を満たしていない施工不良物件（天井の耐火性能が不足する等）を大量に建築して、問題物件の入居者に対して転居を要請した事件。

01 金融機関の与信審査の仕組み

　金融機関が与信審査の際に必ず見るのが、以下の３つのポイントです。

---

①**資金使途**……融資資金の利用目的は何か？
② PL（損益計算書）の内容……継続的な借入返済が可能な収益源を有しているか？
③ BS（貸借対照表　バランスシート）の内容……万一の場合に備える担保を有しているか？

　まず、金融機関は①**資金使途**の不明な融資を実行しません。
　資金使途は、主に、「事業資金」と「非事業資金」のいずれか、「運転資金」と「設備資金」のいずれか等で区分けされます。

　事業資金は、運転資金や設備資金といった事業を運営していくにあたって必要な資金をいいます。たとえば、事業を行うために必要となる商品の仕入代金の支払いや、店舗や工場といった設備への投資資金の支払いです。
　非事業資金は、住宅ローンや教育ローン、カードローンなどです。

　事業資金の中には、運転資金と設備資金とがあります。
　運転資金の融資は、基本的に売上代金が入ってくるまでの立替払いという融資です。
　設備資金の融資は、設備投資やその土地の取得費用にかかった金額に対する融資です。

不動産投資に対する融資の場合は、基本的には、事業資金で、かつ設備資金という位置づけですので、資金使途を理由に門前払いされることはありません。

　次に、② PL について、以下の図表をご覧ください。

☞　② PL（損益計算書）の内容

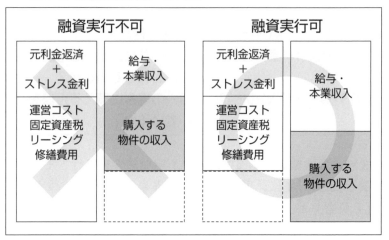

　まず、本業の収入に加えて、今回購入する物件の収入（賃料）でインカムゲインを計算します。そして、物件を保有していくうえで発生する運営コスト、固定資産税、諸費用に加えて、元利金の返済額で支出を計算します。

　「収入＞支出」であれば、融資実行可能、「収入＜支出」であれば、融資実行不可となります。

　ただし、金融機関は万一の事態に備えて、上記金額を保守的に見積もります。たとえば、金利が２％上昇した場合、運営コストが５％上昇した場合、賃料が10％下落した場合に借入れの返済が可能かどうかといった試算をします。

また、最近は、融資を厳格化するよう金融庁から指導されている関係で、上記収入に本業の収入を加えない金融機関が多いです。要するに、本件物件の賃料だけで、単体で返済可能かどうかが見られます。そうすると、本人の属性が良いというだけでは融資が受けられず、物件自体に収益性があるものでないと融資が実行されません。

　さらに、借入期間も短めに設定されることが多いので、そうすると、元金返済額が増えて、ますます返済が難しい方向に試算されてしまいます。

　そこで、金融機関からは「自己資金を２割〜、場合によっては３割入れてください」と依頼されることになるのです。

　続いて、金融機関は、債務者の③ BS で純資産がどの程度確保されているのかを重視します。以下の図表をご覧ください。

☞　③ BS（貸借対照表）の内容

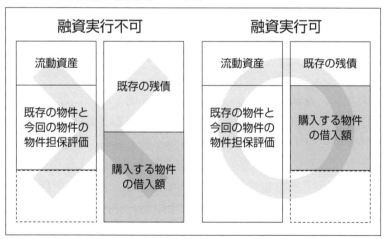

　まず、現金や手持ちの金融資産に加えて、既存物件の「担保

評価」と今回購入する物件の「担保評価」を計算して、プラスの資産を算出します。

　他方で、既存の残債に加えて、今回融資を受ける金額を計算に入れて、マイナスの負債を算出します。「資産＞負債」であれば融資実行可能、「資産＜負債」であれば融資実行不可となります。

　融資実行可能の場合でも、純資産の割合が低いと融資されない可能性もあります。

　ここでポイントとなるのが、「担保評価」の算出方法です。不動産の担保評価を金融機関がどうみるかが、大変重要な論点となります。

　基本的には、金融機関は保守的ですので、土地は路線価、建物は固定資産評価額をベースにみることが多いです。そうすると、地方物件は土地の時価と路線価が乖離しないので、担保評価が出やすく、都心物件は路線価が土地の時価よりかなり低くなり、担保評価が出にくいという結果となります。

　したがって、都心の物件の融資を受けるのであれば、既存の都心物件は売却するほうが賢明です。担保評価が購入時価格より低く評価されますので、「資産＜負債」が生じてしまっています。そのような既存物件を売却すると、③ BS は改善されます。

　ただし、金融機関によっては、担保評価を時価に近い金額で評価してくれるところもあります。そうなると既存物件に都心物件があっても、資産より負債が多く計上されてしまうというおそれは少ないので、既存物件を無理に売る必要はありません。逆に、既存で地方物件を多く持っていると、時価（担保評価）を低く評価される可能性がありますので、そのような物件は売却すべきということになります。

　最後に、その金融機関の管轄外に既存物件を持っている場合、

その金融機関からすると「管理不可」として担保評価0とみられるケースがあります。担保評価を0とする一方で、その物件の残債は額面通りみますので、その物件は債務超過とみなされてしまいます。

　海外の不動産については、ほぼすべての金融機関が、担保評価0とみるはずです。のみならず、東京の金融機関で、地方に支店がない場合、地方物件はすべて担保評価としてみないという金融機関もあります。

　以上を整理した表を載せておきます。

☞　**担保評価の算出方法まとめ**

	路線価で評価	時価で評価	管轄外で評価
都心の物件	担保評価＜負債	担保評価≒負債	担保評価＝0 ＜負債
地方の物件	担保評価≒負債	担保評価＜負債	担保評価＝0 ＜負債

　以上の金融機関の審査の仕組みを理解して、戦略的に融資を引き出すことが肝要です。

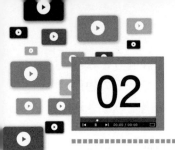

02 BSで投資するということ

　債務者の③ **BS** の判断は、前節 **01** の通り、資産と負債を比較して、負債が多い場合は融資不可、資産が多い場合は融資の検討の土台に乗るということでした。

　そして、不動産を保有している場合の不動産の担保評価というのは、銀行の評価ですので、時価ではないことも前述の通りです。特に都心物件の場合は、時価と銀行の担保評価の乖離が大きくなりがちです（路線価や固定資産税評価額と比べて、時価が跳ね上がるからです）。

　したがって、「③ **BS** ＝問題なし」と判断してもらうためには、時価と銀行評価の乖離を埋めることが課題となります。

　1つの方法としては、「追加担保（添え担保）」を提供するのもあり得ますが、他の物件を持っていない場合や、持っていても担保余力がない場合は、乖離を埋めることができません。

　そこで、**第2章投資哲学の第3条**で述べたように、既存物件の売却を絡めていくことが必須となります。
　すなわち、時価と銀行評価が乖離している物件は、そもそも売却してしまうのです。
　そのような物件を売却すると、引当（担保）能力が回復するのみならず、自己資金の塊もできるので、融資の判断においては圧倒的に有利になります。

企業経営においては、限られた経営資源をいかに活用できるかが最重要命題です。経営資源とは、いわゆる「ヒト」「モノ」「カネ」です。「ヒト」は人材のことを指し、「モノ」は製品や設備などを、「カネ」は資金のことを指します。

　不動産投資においては、「カネ」を活用することが最も重要です。要するに自己資金です。昨今のように融資が厳しい時代においては、自己資金をある程度用意しないと、不動産を買うことはできません。どれだけ勉強して不動産の知識を身に着けても、買えなければ意味がありません。

　たとえば、土地を1億5,000万円で仕入れて、建築費1億5,000万円でマンションを新築したとします。自己資金を3,000万円入れて、残りは融資を引いて、完成した際の時価は4億円になりました。

　ここで、前述した「カネ」にあたる経営資源は、1億円の売却益と自己資金で投下した3,000万円です。ところが、1億円の売却益はあくまで「含み益」に過ぎず、売却して初めて現実化します。また、自己資金で投下した3,000万円も売却するまで戻ってきません。

☞ 1億3,000万円の「カネ」を寝かせている

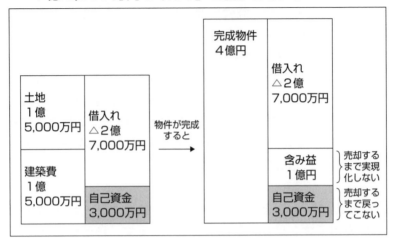

　とすると、これら1億3,000万円の「カネ」は、寝かせていることになります。経営者としては失格ではないでしょうか。売却して自己資金を厚くして、次なる融資の武器として、金融機関からの評価を高めなければなりません。

　仮に、金融機関がこれら1億3,000万円の「カネ」を担保として評価してくれるのであれば、無理に売却して「カネ」を現金にしなくても、経営資源の有効活用はできそうにも思えます。

　しかし、繰り返すようですが、物件の銀行評価はあくまで路線価や固定資産税評価額ベースであり、少なくとも簿価や購入時の価格よりも高く評価されることはありません。本件では2億5,000万円程度とします。そうすると、次の図のように、本物件を保有していると、マイナス2,000万円の債務超過と判断され、次の融資の足かせとなってしまいます。

☞ 金融機関は2,000万円の債務超過とみる

このように、物件を売却するか、保有し続けるかによって、1億3,000万円の自己資金を手に入れるか（実際は売却益から税金を支払います）、2,000万円の債務超過とみられるかという格段の違いとなります。そうなると、金融機関からの格付け（債務者に対する順位付け）にも多大な影響を与えることでしょう。

また、融資を受けて物件を購入し、返済が進んで残債が減っている場合も同じことがいえます。

たとえば、築古のアパートを2,000万円で購入していて、頭金を200万円入れていたとします（1,800万円の融資）。返済が進んでいて、残債は1,200万円とします。そして、このアパートは安い時期に買っていたので、現在の時価は2,500万円とします。

すると、このアパートは売却すれば1,300万円の現金に変わることになります（もちろん、別途仲介手数料や税金がかかります）。この1,300万円を自己資金として、新たな不動産を買うというのが、経営資源の有効活用というものです。

☞ 売却すれば 1,300 万円の現金に

　当初の頭金200万円、返済をしてきた600万円、値上がりした500万の合計が1,300万円ですが、売却しない場合は、これは銀行の担保となるだけであり、銀行にとっては大歓迎ですが、本人にとっては「カネ」を眠らせていることに他なりません。

　このアパートはこれ以上の値上がりは期待できないというのであれば、さっさと利益確定して「カネ」を回収し、次の利益を生み出す物件に投資すべきなのです。

　大事なことはBSで投資をするということです。

　BSの純資産を増やし、自己資本比率を高め、融資を受けやすい体質にして、規模を拡大していくことが重要です。

　多くの人がPLだけを意識して投資しているので、高利回りの賃料収入により一時的に営業利益は出るものの、資産の部に多くの不動産を計上する結果、反射的に負債の部に多額の借入れが計上されてしまい、BSが悪化することは、前述の通りです。

「BS で投資するということ」の意味は、時価と銀行評価が乖離している物件（「銀行評価＜時価」の物件）を売却して、BS を健全化させてから、融資を引いてさらなる投資をするということです。売却益により、同時に PL も良くなるのは言わずもがなです。

　経営は、BS、PL 双方を良好なものとすることが、基本中の基本です。

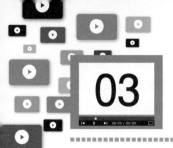

03 不動産投資クワドラントの右上と右下のルールの違い

　同じ不動産投資クワドラントの右側であっても、右上と右下では、ゲームのルールがまったく異なります。そのことを理解していないと、不動産投資で成功することはできません。

☞ **不動産投資クワドラント**

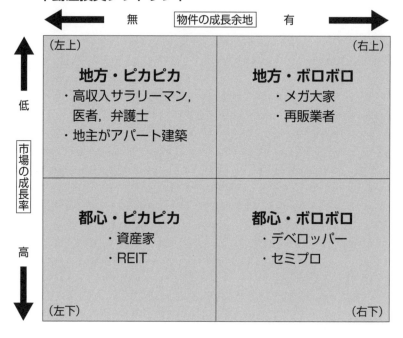

	← 無　物件の成長余地　有 →

（左上） **地方・ピカピカ** ・高収入サラリーマン，医者，弁護士 ・地主がアパート建築	（右上） **地方・ボロボロ** ・メガ大家 ・再販業者
（左下） **都心・ピカピカ** ・資産家 ・REIT	（右下） **都心・ボロボロ** ・デベロッパー ・セミプロ

低 ← 市場の成長率 → 高

　右上の投資家のゴールは、投資の規模拡大です。CF の出る物件を数多く保有することで、不動産の CF だけで生活が成り立つようにすることがゴールです。そうすると、右上の投資家は融資を上手に引くことが成功のルールとなります。

右上の投資家の PL と BS のお金の流れは、次の通りです。

☞　**右上の投資家の PL と BS のお金の流れ**

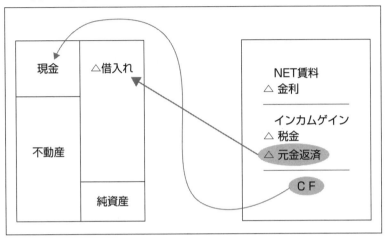

　投資の規模を拡大して、インカムゲインを増やして、手残りの CF で BS の現金を増やしていきます。元金も同時に返済していきますので、借入れもその分だけ減らしていきます。

　インカムゲインを増やすことで、CF と元金返済額を増やしますので、PL を良くすることが命題です。右上の投資家は、PL を良くすることには神経を使います。

　しかしながら、投資の規模を拡大するということは、BS に多額の借入れが計上されてしまいます。

　計上された借入れと同額の不動産が資産として計上されれば、純資産が棄損するわけではないのですが、金融機関の不動産に対する評価は、簿価よりも低くなることが通常ですので、金融機関からみた右上の投資家の BS は、悪化していることが通常です。

　したがって、右上の投資家は、PL 重視で投資しているといえます。

他方で、右下の投資家のゴールは、純資産の拡大です。キャピタルゲインを得て、現金を増やして借入れを減らすことで、純資産を手厚くすることがゴールです。

右下の投資家のPLとBSのお金の流れは、次の通りです。

☞ **右下の投資家のPLとBSのお金の流れ**

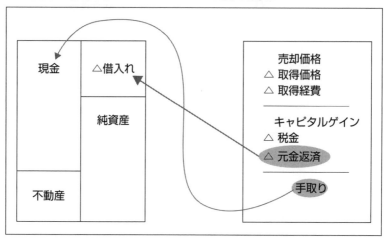

物件の売却により得るキャピタルゲインで借入れを一括返済して、残った手取りで現金を一気に増やします。したがって、借入れが少なく、現金が多いBSになりがちです。

不動産を持ち続けるわけではないので、金融機関による借入額と不動産評価の乖離も少なく、純資産は毀損されません。

したがって、右下の投資家は、BS重視で投資しているといえます。（右下の投資も、多額の売却益を計上できればPLも良いものとなるのは前述の通りです）。

そして、純資産をより増やしていくために、一度手にした現金を元手に、さらに次の物件を購入してキャピタルゲインを取りにいきます。そうすると、右下の投資家は複利の活用が成功のルールとなります（複利については**コラム2**参照）。

04 債務者と物件・金融機関の所在地

　ここまでみてきた金融機関の審査項目をすべてクリアできたとしても、そもそも当該金融機関の管轄でないと融資実行できません。

　管轄は、債務者と物件の所在地で決まります。

　たとえば、東京に住む人が、東京の物件について、東京の金融機関から融資を受ける場合はまったく問題ありませんが、債務者が地方の場合、債務者の管轄が問題となります。

　この点、債務者となる投資家が東京に生活の本拠があるのかがみられますので、住民票が地方にあると基本的に融資は難しいでしょう。ただし、家族は地方にいるものの、単身赴任で自分は東京に生活の実態があるとか、経営者の方で経営する会社の支店が東京で登記されているなどの事情があれば、融資の検討が可能のようです。

　次に、金融機関が地方の場合はどうでしょうか。

　1つの傾向としては、地方の銀行はまだまだ融資に積極的なケースが多いです。地方ではメガバンク以上に地元の銀行が地元民の預金を預かっている一方で、地元の企業や投資家に大口の貸付先がなく、貸付先を探している傾向にあります。

　そして、債務者が地元に居住していれば、地方銀行にとって債務者の管轄は問題ないですし、物件が東京にあっても、その銀行が東京に支店を有していれば物件の管轄の問題もクリアして、融資するというケースが多々あります。

物件が開発型の場合は、特に物件の所在地の問題は重要視されますが（「土地を仕入れた後、工程表通り建築着工できているのか？」「完成後も、順調に入居付けできているのか？」などを銀行がチェックできる体制が必要です）、その問題以上に、預金の貸付先を確保する要請が働くことがあるのです。

　また、銀行が地方で、債務者が東京のケースであっても、債務者の経営する法人の支店が地方銀行の管轄内にあるなど、事情によっては債務者の管轄の問題もクリア可能です。私も、経営する弁護士法人の支店が福岡にある関係で、債務者＝東京（私の居住地も、弁護士法人の本店も東京です）、物件＝東京、銀行＝福岡という構図で融資を受けています。

　いずれにせよ、管轄の判断は金融機関ごとにまちまちですので、個別にヒアリングするほかありません。

☞　**債務者×物件×金融機関の所在地と融資の難易度の関係**

債務者	物 件	金融機関	融資の難易度
東京	東京	東京	○
地方	東京	東京	× 〜 △
地方	東京	地方	× 〜 ◎
東京	東京	地方	× 〜 ◎

05 資金使途

　不動産投資に対する融資の場合、資金使途は、基本的に、事業資金で、かつ設備資金という位置づけとなると述べましたが、その中でも、「長期保有の不動産投資用の融資（長期融資）」と、「（転売目的の）プロジェクト融資」とで資金使途は大きく異なり、金融機関の審査目線も変わってきます。

　プロジェクト融資（以下「PJ融資」）とは、たとえば土地を仕入れて建物を建築する場合に、建物が完成すると同時に売却して、売却代金で一括返済する借り方をいいます。不動産業そのものに対する融資なので、資金使途は運転資金ともいえます。

　長期融資は、返済期間を物件の耐用年数に応じて15年～35年程度とする融資形態で、金融機関としても長期にわたって利息収入を得ることができます。
　PJ融資は、期間1年～1年半程度の期日一括返済の融資形態を取ることが一般的です。金融機関の収益は、融資手数料や金利の上乗せで確保されます。

　資金使途がPJ資金となると、②**PL**の審査対象が「物件の売却可能性と売却見込額」に変わるので、前述した融資を受ける物件の収入や、融資を受ける人の本業の収入というよりは、完成物件がいくらで売れるのかという時価評価と、時価評価に対するストレス（景気が悪化したとしても、この価格は下回らないであろう）で判断されることになります。

☞ **PJ 融資の場合の PL**

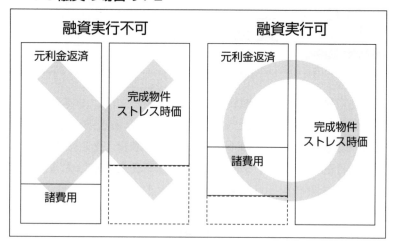

　一般の投資家が不動産投資をする際は、基本的に長期融資を受けて、物件をある程度の期間保有することになります。

　不動産投資クワドラントでいう左上「地方・ピカピカ」と左下「都心・ピカピカ」で投資する人は、必ずそうします。

☞ **不動産投資クワドラント**

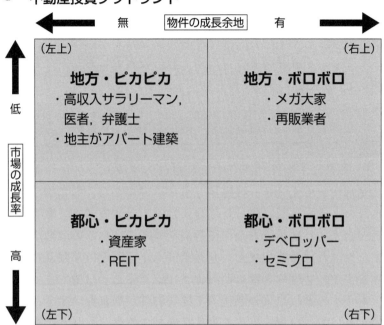

ところが、右上「地方・ボロボロ」や右下「都心・ボロボロ」で投資する人は、ある程度の期間は物件を保有するものの、比較的短期に物件を売却することが多いです（売り先は左上「地方・ピカピカ」や左下「都心・ピカピカ」で投資する人）。

　そうなると、金融機関からすれば「話が違う」となってしまいます。一定期間貸付けをする資金をあらかじめ調達するので調達コストがかかっていますし、物件の担保評価を取り寄せたり、人員を動かしたりするにも経費がかかります。長期間の利息収入がある前提で、金利を低く設定しているにもかかわらず、すぐに返済されてしまうと、案件として赤字となってしまうのです。これでは、金融機関と担当者に対して、多大な迷惑をかけることになるでしょう。

そうであれば、当初より PJ 融資として資金調達するほうが、真っ当な借り方ということです。

　ただし、不動産業者ではない一般の投資家に対して、金融機関が PJ 融資をするのは難しいでしょう。

　ちなみに、PJ 融資は、バブル崩壊の際に不動産業者を倒産に追い込みました。
　PJ 融資は、物件の開発中は利息のみを支払い、物件売却時に売却代金で元金を一括返済します。ですから、もし物件が売れないような事態に陥った場合には、不動産業者は、融資の期日が到来すれば手許資金にて返済をするか、あるいは期限延長をしなければなりません。金融機関も 1 回程度は期限延長に応じますが、2 度～3 度も期限延長に応じることは稀です。
　そうすると、景気の悪化等で開発物件が売れない場合、不動産業者は大きな損を出して物件を売却するか、もしくは物件を在庫として持ち続けることになり、資金繰りが圧迫されることになります。
　ですので、PJ 融資を受ける場合は、ある程度の自己資金を投入して、このようなリスクに備える必要があります。

06 銀行開拓

　金融機関から融資を受ける場合に提出すべき資料は、基本的には担当者からいわれた資料を用意すれば足ります。

　不動産投資クワドラント右下の開発型投資の場合は、以下の資料を求められます。

物件に関する資料

・マイソク（物件概要書）

・土地・建物の謄本

・固定資産税評価証明書

・公図

・境界同意書

・建築プラン

・賃料査定（想定のレントロール）

・建築費の概算見積書

・建築の工程表

・（前面道路が私道の場合）通行・掘削承諾書

債務者に関する資料

（法人の場合）

・法人の決算書３期分

・登記簿謄本

・事業の概要

（個人の場合）

・個人の確定申告書３期分

これらの資料をもとに、担当者が稟議資料を作成して、本部に稟議を申請します。

　リスクの度合いに応じて、支店長・部長の権限で決裁ができるものもありますが、最近は不動産に対する融資が全般的に厳しくなっており、本部の審査部での決裁まで必要になることが多いです。

　ところで、融資における与信審査というものは、結局のところ、金融機関の方針、支店の方針、担当者の能力で大きく左右されてしまうものです。

　与信審査を行うのは、あくまで「人」ですので、良い担当者に巡り合えるかどうかは特に重要な問題です。ですから、飛び込みで金融機関を回る行為は不適切といえます。飛び込みで訪問した先の担当者が優秀である保証はないのです。

　したがって、優秀な担当者を紹介してもらう体制が重要になります。

　また、飛び込みで金融機関を訪問する行為は、金融機関側からみても、投資家を不審に思うようです。「他で断られたから、当行に来たのではないか」という具合です。

　これまで金融機関は、「不動産投資は初心者」というサラリーマンに対しても、属性が良ければ積極的に融資をしてきたのですが、かぼちゃの馬車事件や三為業者※の暗躍により、不動産投資に精通していない人が安易に投資することに対して、警戒するようになりました。

※　三為業者……不動産を「第三者の為に契約する業者」のことで、転売業者の一種。**コラム5**も参照。

したがって、金融機関の紹介を誰から受けるのかも重要になります。ブローカーのような業者から紹介されて案件を持ち込んでも、金融機関は門前払いすることもあると聞いています。金融機関からすれば、紹介筋が怪しいと、本人の収入や物件の資料などが偽造されているのではないかなど、すべてを疑うことになるそうです。

コラム❸ 保有か？ 売却か？

　保有する物件に明らかに含み益が出ている場合、「それを売却して利益確定させるべきか？」それとも「保有し続けてキャッシュフローを取り続けるべきか？」について、検証してみます。

　本文で例に挙げた、築古のアパート（自己資金 200 万円、購入時価格 2,000 万円、融資額 1,800 万円、残債 1,200 万円、現在の時価 2,500 万円）の事例では、アパートを売却すれば 1,300 万円の現金が入ってくるものの（時価 2,500 万円－残債 1,200 万円）、保有し続ければ毎年 60 万円程度のキャッシュフローが残り、かつ残債も減っていけば 10 年後に無借金のアパートが手に入りますので、悩ましいともいえます。

　この点、本文でも述べましたが、不動産を保有していると、銀行が評価する BS（バランスシート）の資産の評価は低くなり、負債である借入金はそのまま計上されますので、自己資本比率は低くなり、債務超過となるケースも出てきます（いわゆる「信用棄損」となります）。
　そこで、BS 改善のために、売れるのであれば売ってしまったほうが、次なる物件の融資戦略上は正しい選択といえます。

　また、投資額よりも高く売却できる含み益部分（上記事例では 500 万円）、当初現金で投入していた自己資金部分（上記事例では 200 万円）、返済が進んで残債が減少して

いる部分（上記事例では600万円）は、売却と同時にすべて現金で入ってきますので、自己資金の塊が増えます。塊が増えると、次の融資に大きな力を発揮することでしょう。

　ということは、裏を返せば、当該物件を売却しなくとも、問題なく融資が出る属性の方なら、無理に売る必要はないともいえます。

　あくまで融資を受ける「手段」としては、売却が基本ということです。

　これに対しては、「売却してしまうと、売却益に対する税金が高いのではないか？」という質問をよく受けます。

　たしかに、上記事例でいえば、売却益500万円（ここでは減価償却による建物簿価の減少を度外視して、2,500万円－2,000万円）に対して税金が150万円（仮で税率30%、諸経費は度外視とします）かかるとすると、2年半分のキャッシュフローを食い潰すことになりますので、高いと思えるかもしれません。

　しかし、税金は、利益が出た分に対して課税されるものです。税金が高いということは、それだけ儲かったということなのです。

　もっといえば、売却しないで保有し続けても、もともと毎年インカムゲインに対して税金を支払いますので（本事例では毎年30万円程度）、この先5年分の税金を前払いしているに過ぎません。

　このことは要するに、利益自体も5年先までの分を先取

りしているということなのです（本事例ではインカムゲインの経常利益は年間100万円程度となります）。5年先の利益を先取りした結果、5年分の税金を前払いするということですから、税金が高いとか、もったいないという発想は的外れです。

　以上のように、基本的には売却ですが、売却しなくても融資に支障がない人は、無理に売却しなくてもよいともいえます。

　また、売却したものの、次に投資する先がないという投資家は、保有という選択でもよいでしょう。売却しても、普通預金しておくのであれば、そのまま不動産のインカムゲインを取っているほうが有利です。

　その場合でも、現在の時価が価格の天井という場合には、やはり売却のほうがよいでしょう。持ち続けて、価格が下がってしまっては、元も子もありません。

　いつ売却すべきかについては、**第6章出口戦略** 07 **自己資金利回り**も参照してください。

第 **4** 章

仕入れ戦略

左側

右側

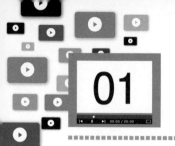

01 堀塾の仕入れ戦略

投資哲学第６条では、**融資特約なし**で物件を購入できれば、業者価格で安く仕入れができるとご紹介しました。

投資哲学第７条では、**アービトラージ**を効かせて、同じ物件でも価格の低い評価方法で仕入れできれば、物件を安く仕入れることができるとご紹介しました。

私の前著「弁護士が実践する不動産投資の法的知識・戦略とリスクマネジメント」（日本法令）では、**法的知識**を駆使して、物件を安く仕入れるノウハウをご紹介しました。

以上の３つの視点は、すべてを同時に使う場合もありますし、「融資特約なし＋アービトラージ」とか、「アービトラージ＋法的知識」など２つを組み合わせる場合も、単体でそれぞれを使う場合もあります。

☞　仕入れ戦略の３視点

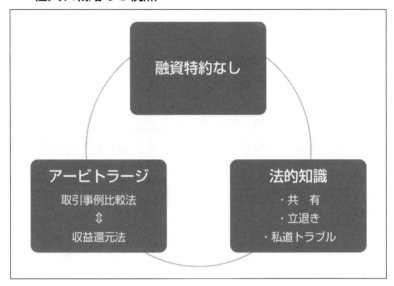

　この３つの視点をすべて使う場合の例として、前面道路が私道の土地（通行・掘削承諾が取れていない）を、取引事例比較法で、融資特約なしで購入する場合が挙げられます。

　都心部の住宅地で、取引事例比較法で価格が決まっている土地を仕入れ、収益物件を建築すると、収益物件としての土地の仕入れ価格は安くなります（アービトラージ）。まして、融資特約なしで買う場合は、建売業者と同じ業者価格で買うことができます。

　加えて、前面私道の所有者から通行・掘削承諾が得られていないケースでは、「工事ができないのでは？」といった不安から、土地の価格が大幅に安くなるのが通常です。

　問題は、そのような承諾の取れていない前面私道の土地を購入してよいのか、という点です。

　この点、私道は、公道と異なり、民間人が所有していますの

で、そこを通行するには所有者の承諾が必要です。

　また、土地に建物を建てて生活するには、上下水道やガス・電気などのライフラインが不可欠です。土地が公道に面しているならば、公道下に埋設してある配管から支管を自己所有地に引き込めば足ります。しかし、他人の私道の下を通して支管を引き込まなくてはならない等の事情がある場合、支管の埋設および工事は私道を利用・掘削することになりますので、私道所有者の承諾が必要となります。そもそも土地に建物を新築するのであれば、トラック等の工事車両が前面道路を通行することになりますが、工事車両の通行についても私道所有者の承諾が必要です。

　そして、私道の通行・掘削承諾については、書面で私道所有者の承諾書がないと、金融機関も融資してくれないケースが多いですし、そもそも工事ができないとなると、土地を安く仕入れても何の意味もなくなるので、要注意です。

　ですから、前面道路が私道で私道所有者の通行・掘削承諾が得られていない土地は、「リスクが高い」と判断されて割安になっているのです。

　では、そのような土地は買ってはいけないのかいうと、実際の裁判例では、私道所有者の承諾がなくても埋設掘削を認めた例がいくつもあります。その法的根拠は、相隣関係について規定する民法第209条、第220条、第221条、排水に関する受忍義務等を規定した下水道法第11条第1項などに求められます。

　もちろん、そのような裁判をするリスク・負担は相当なものですが、そのような土地をリスクを負って安く買い、買った後に私道の通行・掘削承諾を取ることができれば、かなりの利益を上げることができるでしょう。

実際、私道所有者が気難しいという理由だけで、私道の通行・掘削承諾が取れていない事案で、土地を買った後に粘り強くお願いしたところ、裁判までやらずに承諾していただいたという例もあります。

　交渉の際には、上記裁判例をチラつかせることが有効です。私道の所有者からしたら、「裁判までやれば承諾させられてしまう、しかも、そもそも隣人と裁判まではしたくない」という心理となります。そこを突きます。

　最悪、裁判をすれば承諾を取れるという事案で、裁判までやらずに承諾が取れるかどうかを判断するといったところが、ポイントになるでしょう。

　その他の法的知識を駆使した不動産投資戦略については、前述の拙著「弁護士が実践する不動産投資の法的知識・戦略とリスクマネジメント」をご参照ください。

02　土地を購入する見極め

　ここからは、実際に右下の投資家として、土地を購入する見極め方を説明していきます。

(1)　収益還元法

　まず、収益還元法で土地を検討する順序は、次の通りです。

> ①　土地の物件概要を見て、最大でどの程度の延床面積となるのかを試算
> ②　①で出した延床面積をもとに、おおよそいくらの賃料を生み出すのかを試算
> ③　①で出した最大のボリュームのプランについて、建築費の概算を試算
> ④　②の賃料÷（土地代金＋③の建築費）で利回りを算出
> ⑤　④で出した利回り感から、投資の可否を判断

　次の最大効率収支算出表（以下、単に「**表**」といいます）をご覧ください。

　この**表**に土地の情報等を入力していくと、完成したときの「最大の」利回りが分かります。「最大の」利回りがそもそも低いものであれば、それは土地が高いということですので、指値（値引き交渉）をするなり、他の土地を探すなりすることになります。

☞ 最大効率収支算出表

	住所		目黒区下目黒●丁目			
A	土地価格		9,980	万円	87.44	㎡	26.45坪
	用途地域		準工業地域			
	建蔽率MAX	70%	61.21㎡	18.52坪		
	容積率MAX	240%	209.86㎡	63.48坪		
B	最大計画専有面積		271.06㎡		82.00坪	
	地上 ＋ 地下		209.86㎡ ＋ 61.21㎡			
C	年間家賃		1,771万円			
	B×係数×12か月		82.00坪×1.80万円/坪×12か月			
D	建築費		12,805万円			
	B×レンタブル比×建築費単価		82.00坪×1.22×128万円/坪			
E	原価		22,785万円			
	A ＋ D		9,980万円 ＋ 12,805万円			
	最大表面利回		7.77%			
	C ÷ E		1,771万円 ÷ 22,785万円			

仮に、「最大の」利回りが満足いくものであれば、その土地に実際の建築プランを入れてもらうよう建築士に依頼します（**表**では最大表面利回り 7.77％となっています）。

　建築士が検証した結果、高さ制限や斜線規制等で延床面積が減ってしまい、その結果、利回りも低下するということもあります。

　たとえば、建築士に依頼して、次のようなプランがあがってきたとします。

☞　**建築士のプランのイメージ**

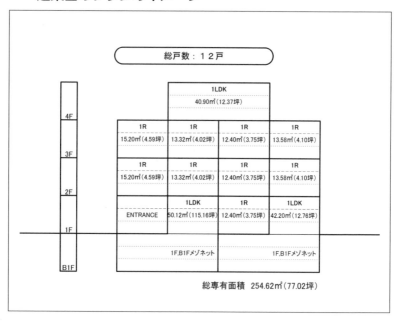

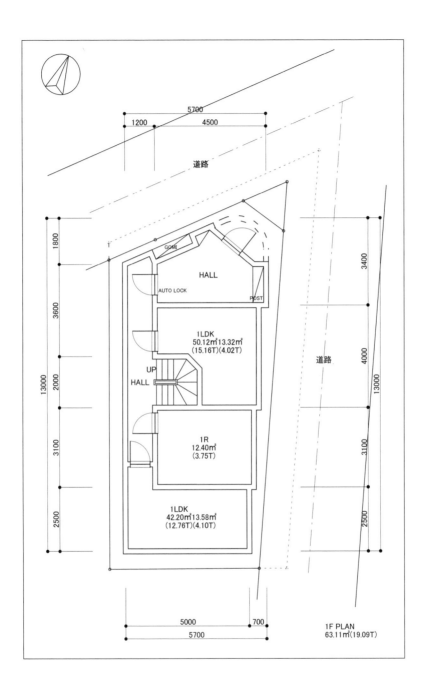

道路

5700
1200   4500

1800

3600

13000

2000

3100

2500

GOMI

HALL

AUTO LOCK

POST

1LDK
50.12㎡13.32㎡
(15.16T)(4.02T)

UP
HALL

1R
12.40㎡
(3.75T)

1LDK
42.20㎡13.58㎡
(12.76T)(4.10T)

3400

4000

13000

3100

2500

道路

5000   700
5700

1F PLAN
63.11㎡(19.09T)

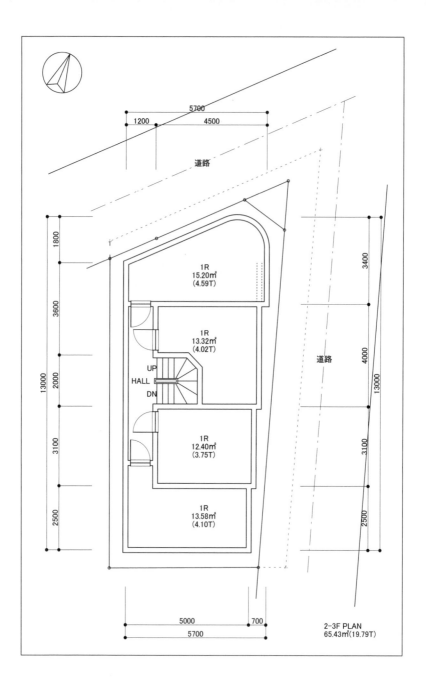

建築士の出してきたプランが想定通りであった場合は、次に不動産会社に賃料の査定を依頼します。**表**に入れていた賃料は概算で坪単価のみを入れていましたので（**表**では、**C**に坪単価1.8万円で入れてあります）、実際のプランをもとに、プロに査定してもらうのです。

　本件では、以下のような査定となったとします。

☞　**査定結果のイメージ**

階数	号室	家賃	平米数	坪単価	坪	備考
B1.1F	101	205,000	50.12	13,518	15.16	B1.1Fメゾネット
1F	102	88,000	12.40	23,455	3.75	家具付き
B1.1F	103	173,000	42.20	13,549	12.77	B1.1Fメゾネット
2F	201	96,000	15.20	20,874	4.60	家具付き
2F	202	92,000	13.32	22,827	40.3	家具付き
2F	203	90,000	12.40	23,988	3.75	家具付き
2F	204	92,000	13.58	22,390	4.11	家具付き
3F	301	96,000	15.20	20,874	4.60	家具付き
3F	302	92,000	13.32	22,827	4.03	家具付き
3F	303	90,000	12.40	23,988	3.75	家具付き
3F	304	92,000	13.58	22,390	4.11	家具付き
4F	401	188,000	40.48	15,349	12.25	

2020.1.1　目黒駅500M 徒歩7分　不動前駅800M 徒歩11分

12戸	月／賃料	1,394,000	平均	18,124	76.91
	年／賃料	16,728,000			

＊ベッド・冷蔵庫・洗濯機・テレビ・インターネット無料
＊敷金・礼金 0
＊1年未満の退去は1か月の違約金

　さらに、建築費についても、**表**では簡易的に坪単価に延床面積を乗じて出しただけですので（**表**では、**D**に坪単価128万円で入れてあります）、工務店に概算の見積もりを依頼します。

　本件では、次のような見積もりとなったとします。

☞ **概算の見積もりのイメージ**

株式会社 ●●設計　　概算予算見積表

計画名	下目黒●-●-● 新築工事		住戸数	全12戸　（ワンルーム9戸）	調査状況
建築主	堀 鉄平　　　　様		用途地域	準工業地域	1.道路状況
住居表示	東京都目黒区下目黒●-●-●		建蔽率	80%（←60%）	
建物規模	地下 1階　　地上 4階		容積率	240%（←300%）	
敷地面積	89.08㎡	26.95坪	防火地域	準防火地域	
建築面積	65.43㎡	19.79坪	高度地区	20m第三種高度地区	2.地盤状況
延床面積	308.10㎡	93.20坪	日影規制	4m-5h/3h	
施工床面積	308.10㎡	93.20坪	その他		
容積対象面積	206.98㎡	62.61坪			

	名称	金額				名称	
A	建築工事	合計	¥113,454,180	122万/坪	B	付帯工事	
				945万/戸			
1	躯体工事		¥37,280,100	40万/坪	1	杭・地盤改良工事	
2	仕上工事		¥29,824,080	32万/坪	2	現場諸条件(道路状況等)	
					3	水道引込	
3	電気工事		¥4,680,000	39万/戸	4	住宅保険	
4	給排水工事		¥5,040,000	42万/戸	5	増圧ポンプ	
5	ユニットバス工事		¥2,760,000	23万/戸	6	近隣対策費(警備員等)	
6	キッチン・洗面工事ワンルーム		¥2,700,000	30万/戸	7	キッチン用ポンプ	
7	キッチン・洗面工事1LDK		¥2,430,000	81万/戸			
					C	装飾工事	
8	家具工事		¥2,880,000	24万/戸	1	ロートアイアン	
9	ガス設備工事		¥2,400,000	20万/戸	2	外壁装飾シート	
10	オートロック工事		¥1,080,000	9万/戸	3	モールディング	
11	エアコン工事		¥2,400,000	20万/戸			
12	消防設備費		¥1,080,000	9万/戸	D	オプション設備工事	
					1	冷蔵庫	
13	法定福利費		¥4,000,000	4万/坪	2	洗濯機	
14	現場諸経費		¥5,500,000	6万/坪	3	ベッド	
					4	カーテン	
15	設計費		¥9,400,000	10万/坪	5	TV	
					E	外構工事	
					1	床仕上げ工事	
					2	植栽	
					F	建築申請・審査・調査	
						※別途業者に直接支払い	

3.備考

	金額	
合計	¥9,250,000	10万/坪
	¥6,000,000	
	¥1,000,000	
	¥300,000	
	¥1,000,000	
	¥500,000	
	¥450,000	
合計	¥3,000,000	3万/坪
	¥2,400,000	
	¥600,000	
合計	¥1,560,000	13万/戸
	¥240,000	2万/戸
	¥360,000	3万/戸
	¥360,000	3万/戸
	¥240,000	2万/戸
	¥360,000	3万/戸
合計	¥400,000	0万/坪
	¥400,000	
合計	¥800,000	

合計(A〜E)	¥127,664,180	
税(10%)	¥12,766,418	
建築費	¥140,430,598	151万/坪
土地価格	¥99,800,000	
総工費	¥240,230,598	
賃料(年間)	¥16,728,000	
利回り	6.96%	

以上の過程で、実際の建物完成時の利回りが出ますので、その利回りが満足いくものであれば、土地を買うステップに進みます。

本件では、完成時利回りが7％程度になりましたので、収益還元法からは土地が割安であることが分かりました。

(2) 取引事例比較法

取引事例比較法とは、不動産鑑定評価の1つで、取引事例情報をもとに対象不動産の価格を求める方法です。

同じ土地でも、収益還元法と取引事例比較法とでは価格が異なることが通常ですので（アービトラージ）、収益還元法で算出した価格について、取引事例比較法によっても確認するとよいでしょう。

そして、取引情報を比較するにあたっては、1種単価で比較する必要があります。

1種単価とは、「容積率100％あたりの土地単価」です。

たとえば、容積率400％で25坪の土地を、1億円で購入するとします（前面道路等による容積率の制限はないものとします）。

通常、坪単価は、「1億円÷25坪＝坪400万円」と計算されます。しかし、この坪単価では、商業地域等で容積率が大きい場合と住居系地域で容積率が小さい地域とで、実際に建築できる面積が変わりますので、土地の真価を比較できません。

そこで、実際に建築できる面積当たりの坪単価を出せば、土地の本来の価値が分かるというわけです。

上記のケースで1種単価を計算すると、「1億円÷25坪÷400％＝100万円」となります。

要するに、建築されたマンションの延床面積は100坪（25坪×400％）となるので、土地の価格を100坪で割ると1種単価100万円となるのです。土地単価（価格÷土地面積）を容積率で割るということです。

　これに、建築費が坪単価120万円とすると、1種当たり220万円（＝100万円＋120万円）でマンションを保有できることが分かります。専有面積25坪の部屋は5,500万円で建築できるということになります（220万円×25坪。ただし、共用部の建築費が別途かかるはずです）。

　ここで、まずは、この単価が感覚的に高いか安いかを判断できるとよいです。仮に立地が新宿区で、近隣の新築マンションが専有面積坪単価400万円で売り出されているとすると（専有面積25坪で1億円）、だいぶ割安に思えます。

　(1)で検討した下目黒の土地は、

$$1種単価＝\frac{9,980\,万円}{26.45\,坪}÷240％＝157\,万円$$

となります。
　近隣で取引されている事例を見てみると、同様の1種単価で取引されていますので、本件土地は取引事例比較法によると割安というわけではありません。取引事例比較法でみると割安でないにもかかわらず、完成物件を収益還元法でみると価値が高いというのは、まさにアービトラージが効いている証左です。

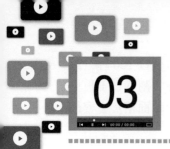

03 最大効率収支算出表の使い方

　それでは、実際に、最大効率収支算出表（本節でも、単に「**表**」といいます）の使い方を解説します。

☞ **最大効率収支算出表（再掲）**

	住所	目黒区下目黒●丁目				
A	土地価格	9,980	万円	87.44	㎡	26.45坪
	用途地域	準工業地域				
	建蔽率MAX　70%	61.21㎡	18.52坪			
	容積率MAX　240%	209.86㎡	63.48坪			
B	最大計画専有面積	271.06㎡		82.00坪		
	地上　＋　地下	209.86㎡　＋　61.21㎡				
C	年間家賃	1,771万円				
	B×係数×12か月	82.00坪×1.80万円/坪×12か月				
D	建築費	12,805万円				
	B×レンタブル比×建築費単価	82.00坪×1.22×128万円/坪				
E	原価	22,785万円				
	A　＋　D	9,980万円　＋　12,805万円				
	最大表面利回	7.77%				
	C　÷　E	1,771万円　÷　22,785万円				

(1) 土地情報 (A)

　まずは、住所と、土地の価格、土地の面積を入力します。

　続いて、土地の用途地域を入力します。

　用途地域とは、地域における住居の環境の保護または業務の利便の増進を図るために、市街地の類型に応じて建築を規制するべく指定する地域のことです。13の種類があり、種類ごとに建築できる建物の用途、建蔽率、容積率などの建築規制が定められています。

　簡単にいえば、行政が「この土地は、指定した用途でのみ使ってください」と指定した地域のことです。

　たとえば、住宅の隣に大きな商業施設や工場、学校や公園がごちゃごちゃと建っていると、日当たりや騒音、公害などで住みにくい環境になってしまいます。一方の工場にとっても、住宅と混在していると、たとえば大型トラックが通りにくいとか渋滞が発生しやすいなどで、効率が悪い環境になることが考えられます。

　そこで国は、都市の健全な発展を目的に「都市計画法」を定め、この法律に基づいて都道府県知事が「都市計画」を立てています。具体的には、地域を次の3つに分けます。

都市計画区域
　計画的に街づくりを進めるエリア

都市計画区域外
　人があまりいない地域なので、とりあえず市街地化計画をしないエリア

準都市計画区域
　人があまりいないけれど、重要なので制限を設けておこうというエリア

さらに上記「都市計画区域」と定められたエリアを、下記の3つに分けます。

市街化区域
　既に市街地を形成している区域や、今後優先して計画的に市街地化を図るべきエリア

市街化調整区域
　農地や森林などを守ることに重点を置くエリア

非線引区域
　計画的に街づくりをする予定だが、とりあえずは現状のままにしておくエリア

用途地域はすべての土地に定められるのではなく、都市計画法により、都市の環境保全や利便の増進のため、「市街化区域」と「非線引区域」「準都市計画区域」が対象となります。

用途地域は「**住居系**」「**商業系**」「**工業系**」の3つに大きく分かれ、計13種類のエリアがあります。
右下の投資家は、土地に建物を新築するので、自分が建てよ

うとする建物がその土地に建つのかどうかを検証できる必要があります。したがって、用途地域ごとにどのような種類・ボリュームの建物が建つのかについて、ある程度把握しましょう。

以下、順に解説していきます。

I　住居系

13 地域あるうち 8 地域が「住居系」です（後述①〜⑧）。この 8 地域のどれかに指定された区域には、基本的に大きな工場や商業施設は建てられません。住環境が優先されている用途地域です。2018 年 4 月に新たに追加された「田園住居地域」も、ここに含まれます。

II　商業系

2 地域が「商業系」です（後述⑨〜⑩）。主に、大勢の住民が買い物や遊びなどに使える商業施設などが立ち並ぶ地域です。

III　工業系

3 地域が「工業系」です（後述⑪〜⑬）。主に工場の利便性を高める地域です。

---

①第一種低層住居専用地域　住居系

小規模な住宅、学校、診療所、寺院などが建築可能な地域です。高さ規制があり、最大でも 12 メートル以下（3 階建てぐらい）になるように制限がかけられています。

②第二種低層住居専用地域　住居系

第一種低層住居専用地域の用途に加えて、コンビニなどの小規模な店舗や飲食店も認められます（150 平方メートルまで）。

③第一種中高層住居専用地域　住居系

住宅、病院、大学、中規模の店舗や飲食店などが建築可

能な地域です。絶対的な高さ制限こそありませんが、建物の床面積の合計に対する制限（容積率の制限）があるため、主に中高層マンションが建ち並ぶ地域になります。

④第二種中高層住居専用地域 住居系

　第一種中高層住居専用地域の用途に加えて、中規模のオフィスビルや1,500平方メートルまでの店舗も認められます。

⑤第一種住居地域 住居系

　住宅、病院、大学、店舗や飲食店、オフィスビル、ホテルなどが建築可能な地域です。高さ制限はなく、建物の床面積の合計に対する制限（容積率の制限）は第一種中高層住居専用地域よりも緩和されるため、より高くて大きなマンションを建てることが認められます。

⑥第二種住居地域 住居系

　第一種住居地域の用途に加えて、パチンコ店やカラオケ店も認められます。

⑦準住居地域 住居系

　第一種住居地域の用途に加えて、パチンコ店やカラオケ店、小規模な工場、自動車修理工場も認められます。幹線道路沿いの業務の利便に加えて住居との調和を図る地域です。

⑧田園住居地域 住居系

　農地や農業関連施設などと調和した低層住宅の良好な住環境を保護するための地域です。建築物の用途は、低層住居専用地域に建築可能なもの、または農業用施設（農産物直売所・農家レストラン等で面積500平方メートル以内のもの、農産物・農業の生産資材の倉庫等）に限られています。

⑨近隣商業地域 商業系

　住環境悪化のおそれがある工場や、危険性の高い工場以外は、さまざまな用途の建築が可能な地域です。ただし、

キャバレーやナイトクラブ、風俗営業店の建築は認められません。近隣住民への日用品を供給する商業の利便を増進する地域です。

⑩商業地域 商業系

　近隣商業地域と異なり、キャバレーやナイトクラブ、風俗営業店の建築も認められます。

⑪準工業地域 工業系

　住環境悪化のおそれがある工場や、危険性の高い工場、風俗営業店以外は、さまざまな用途の建築可能な地域です。

⑫工業地域 工業系

　どんな工場でも建てることが可能ですが、学校や病院、ホテル、映画館などの建築が認められません。住宅や店舗の建設は可能です。

⑬工業専用地域 工業系

　もっぱら工業の利便を増進する地域です。どのような工場でも建設が可能ですが、住宅、学校、病院、ホテル、映画館などの建築は認められていません。

　以上のように、土地には用途地域が定められているのですが、用途地域ごとに**建蔽率**と**容積率**がある程度定められています。土地に建物を建築するにあたっては、この建蔽率と容積率が重要となります。

　既に何度か登場していますが、あらためて**建蔽率**とは、建築面積の敷地面積に対する割合を％で表したもので、土地にどれぐらいの床面積の建物を建てることができるのか分かる指標です。通風や採光の確保、防火上の観点から用途地域に応じて定められ、敷地に一定割合以上の空地（くうち）が確保されるようにしたものです。その計算式は、次の通りです。

$$建蔽率（\%）= \frac{建築可能面積}{敷地面積} \times 100$$

　同じく**容積率**とは、建物の延床面積（建築物の各階の床面積の合計）の敷地面積に対する割合を％で表したもので、土地にどれぐらいの大きさの建物を建てることができるのか分かる指標です。計算式は以下の通りです。

$$容積率（\%）= \frac{建築可能な各階床面積の合計}{敷地面積} \times 100$$

　以上のように、建蔽率や容積率の考え方を理解し、用途地域ごとにそれらが異なることが分かると、土地にどのような建物を建築できるのかについて、想像力を働かせることが可能となります。

　たとえば、「第一種低層住居専用地域」の建蔽率は、地域によって30％・40％・50％・60％の違いがあり、容積率も50％〜200％となります。一方「第一種住居地域」では建蔽率が50％・60％・80％、容積率は100％〜500％となります。そのため、同じ30坪の土地に家を建てようと思っても、建てられる延床面積が異なり、第一種住居地域のほうが広い家を建てられることになります。

　また、同じ「低層住居専用地域」でも、第一種では基本的にコンビニは建てられませんが、第二種では建てられます。第一種／第二種があるのは「中高層住居専用地域」「住居地域」でも同様ですが、第一種より第二種のほうが、住宅以外の建物を建てられる、つまり建物の種類が混在しやすくなります。

　そのため、同じ「低層住居専用地域」でも、第一種はコンビニがないため夜も静かな住宅街、第二種は近くにコンビニがあって便利な可能性がある、と住み心地に違いが出てきます。

このように、用途地域によって「建てられる家の大きさ」や「周辺の住環境」が異なります。

さて、**表**では、建蔽率と容積率にそれぞれ「MAX」数値を入れる欄があります。一次的には、土地の概要書に数値が記載されているのを転記すれば足りますが、以下の通りに修正して記載します。

まず、建蔽率については、建築基準法第53条第3項の規定により、次の条件に1つでも該当すると「＋10％」になり、両方に該当していれば「＋20％」に割り増しを受けられます。

一、用途地域が建蔽率80％の地域外で、かつ、防火地域内にある耐火建築物
二、特定行政庁が指定した角地にある建物

ただし、角地などにおける建蔽率の緩和は特定行政庁ごとに基準が異なり、自治体の条例などによって具体的な適用要件が定められています。

なお、定められた建蔽率が80％の用途地域で、かつ防火地域内にある耐火建築物は、建蔽率は無制限（100％）になります（建築基準法第53条第6項第1号）。

続いて、容積率の制限は、用途地域に応じて定められる容積率の最高限度（指定容積率）と前面道路幅員12メートル未満の場合に制限された容積率（基準容積率）のうち、どちらか厳しいほうの制限を受けます。

基準容積率＝前面道路の幅員×定数※

※　定数は、用途地域が商業系・工業系の場合は60％、住居系の場合は40％。

たとえば、近隣商業地域で指定容積率が400％であれば、100平方メートルの土地には延床面積400平方メートルまでの建物を建てることができそうです。しかし、接する道路が幅員4メートルの場合は、

> 4ｍ× 60％＝ 240％（基準容積率）
> 240％（基準容積率）＜ 400％（指定容積率）

になるため、基準容積率を適用し、この土地の容積率の制限は240％となります[※]。

(2) 最大計画専有面積（B）

(1)で入力した土地情報をもとに、最大の専有面積が計算できます。

まず、地上部分には、「土地面積×容積率MAX」の専有面積が確保できる可能性があります。**表**では、

> 87.44㎡（土地面積）× 240％（容積率MAX）= 209.86㎡

となっています。

[※]　2つ以上の道路に接している場合には、最も広い道路幅員で計算する。また、セットバックが済んでいない2項道路は、前面道路の幅員が4メートルとして計算する。
　このほか、斜線制限、日影規制、絶対高さ制限、高度地区、高度利用地区など建物の高さに関する制限を受けて、容積率の限度いっぱいの建物を建てられないこともある。しかし、そこまでの検証は建築士に任せればよいのであって、自力で検討する段階ではこの程度で足りる。

次に、用途が住宅の場合、地下部分には、「土地面積×建蔽率MAX」の専有面積が確保できる可能性があります。**表**では、

$$87.44㎡（土地面積）× 70\%（建蔽率MAX）= 61.21㎡$$

となっています。

　地下については、住宅として使用する部分の床面積の3分の1を限度として、容積率の計算から除外されるからです。

　たとえば、土地が100平方メートルで容積率80%のとき、通常であれば建てられる建物は80平方メートルということになります。もし、地下室がある場合は3分の1が除外されるので、最大120平方メートル（80㎡×3／2）まで建てられます。

　以上の地上部分と地下部分の面積を足すと、最大計画専有面積が算出できます。

(3)　年間家賃（C）

　(2)で算出した最大計画専有面積に、賃料の坪単価を乗じて、12か月分の年間家賃が計算できます。

　表では、賃料坪単価は1.8万円となっていますが、これは立地によって異なります。不動産会社にヒアリングしたり、自分でインターネット検索したりして相場観を醸成して、記入します。

(4)　建築費（D）

　(2)で算出した最大計画専有面積の建物を建築する場合の建築費を試算します。

　(2)の専有面積は、階段、廊下等の共用部を含まない数値ですので、実際に建築することになる面積はレンタブル比で割り戻すことで算出できます。

レンタブル比とは、延床面積に占める収益部分の面積比率のことで、「賃貸可能面積（専有面積）÷延床面積」で計算します。たとえばレンタブル比80％ならば、賃貸可能となる専有面積が延床面積の80％ということになりますので、延床面積が100坪の場合80坪が賃貸とすることができる部分ということになります。

　そして、レンタブル比が80％ということは、専有面積に1.25（＝100％÷80％）を乗じると延床面積が出るという計算になります。**表**では1.22としています。

　このようにして出た延床面積に対して、建築費の坪単価を乗じて、建築費の概算を出します。**表**では、建築費の坪単価を128万円としています。

(5)　原価（E）

　(1)に記載した土地の仕入れ値と、(4)で出した建築費の概算を足すと、原価が出ます。

　表では、合計2億2,785万円となりました。

　これにより、最大の表面利回りは、(3)で計算した年間家賃を(5)で計算した原価で割ることで算出できます。

　以上で、「最大で」これくらいの利回りが出るであろうという大体の数値が把握できます。あとは、この数値が満足いくものであれば、土地の測量図等の資料を建築士に渡して、正式なプラン出しや建築費の概算見積もりを依頼することになります。

04 土地の購入から建築費の確定まで

(1) 土地を購入する流れ

土地を発見してから購入するまでの流れは、以下の通りです。

---

① 土地の物件概要書をもとに算出した最大効率収支算出表の「最大」利回りがOK
 ↓
② 建築士にプランを出してもらう
 ↓
③ 不動産会社に②のプランの賃料を査定してもらう
 ↓
④ 工務店に②のプランの建築費の概算を見積もってもらう
 ↓
⑤ ③の賃料÷（土地の価格＋④の建築費）で出る利回りがOK
 ↓
⑥ 土地の買付けを入れる
 ↓
⑦ 土地の売買契約
 ↓
⑧ 土地の決済

土地を仕入れる流れで、ポイントは3つあります。

まず、⑥の買付けを入れるまでのスピードは、速い必要があ

ります。のんびりしていては、不動産業者や他の投資家に買われてしまいます。

　ですから、①〜⑤の過程を急ぐ必要があります。①は自分で計算するだけですが、②〜④はパートナーとなる取引先に依頼することになるので、スピードの速いパートナーを選ぶ必要があります。

　次に、⑥の買付けを入れても、⑦の売買契約をするまでは、油断できません。買付けを入れても、「やはり買わない」ということが許されているように、売主が売渡承諾書を出していても、「やはり売らない」ということも許されるからです。

　やはり売らないという理由には、「気が変わった」とか、「他にもっと高く買う人が現れたから」といったものがあります。

　最後に、⑧決済の期限については、なるべく余裕のある日程で契約するべきです。

　⑦売買契約に融資特約を入れないほうが他に優先して安く土地を仕入れられることは、**投資哲学第6条**「仕入れを制する者は不動産投資を制す」で述べました。そうすると、融資特約なしで契約することになるのですが、アテにしていた金融機関がやはり融資できないとなるなど、不測の事態に備えて、決済の期限をなるべく先延ばししておくと安心です。

　以上をまとめると、①〜⑤を最速で判断して、⑥買付けと⑦売買契約はいち早く完了し、⑧決済日はなるべく遅めに設定するという感覚です。

(2)　建築費の増額要因

　④建築費の概算見積もりについては、あくまで概算ですので、

正式な請負契約時には金額が上下することは覚悟すべきです。

　というのは、土地を購入・決済した後には、以下の流れをとることになるためです。

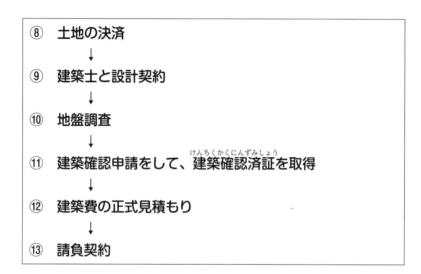

⑧　土地の決済

↓

⑨　建築士と設計契約

↓

⑩　地盤調査

↓

⑪　建築確認申請をして、建築確認済証を取得

↓

⑫　建築費の正式見積もり

↓

⑬　請負契約

　⑪の建築確認申請を経た後でないと、⑫建築費の正式な見積もりはできません。

　建築確認申請とは、建築基準法第６条、第６条の２、第６条の３に基づく申請行為であり、建築主は申請書により建築確認を受けて、建築主事※から確認済証の交付を受けなければ、建物を建築することができません。

　土地を買う前に、建築士に出してもらったプラン（②）は、設計契約をした後に（⑨）、地盤調査をしたうえで（⑩）、建築

※　建築主事……建築基準法第４条の規定により建築確認を行うため地方公共団体に設置される公務員。

士が構造計算等をして正式なプランとなり、建築主事に申請されます。そこで、建築主事が数値の計測方法や、これから建てようとする建築物が建築基準法令をはじめとした建築基準関係規定について適合するかどうかを判断します。その過程で、地盤改良の方法や、コンクリートの量などが変更されるケースもあり、したがって、正式に建築確認を取得するまでは建築の内容も確定しないのです。

このような理由で、「⑪建築確認済証を取得→⑫建築費の正式見積もり→⑬請負契約」という流れになります。

そうすると、土地を買う際には、建築費はあくまで概算でしか把握できないのですが（④）、その上下幅を予測できないと投資総額が読めなくなってしまい、投資の可否の判断ができません。

そこで、最低限、建築費が上下する次の３つの要因をおさえておく必要があります。

Ⅰ　地盤の強度
Ⅱ　水道本管の設置状況
Ⅲ　道路の状況

Ⅰ　地盤の強度

地盤が弱い土地だと地盤改良や杭工事が必要になり、建築費が大幅に上がります。

この点、⑩地盤調査をしてみないと、地盤改良に要する費用は判断できません。しかしながら、地盤調査をするのは、当然、土地を決済して自分の名義にした後になります。したがって、土地を買う前には地盤改良費が確定できないのです。

ただし、過去に近隣で地盤調査をした結果が公開されているので、当該土地の地盤とまったく同じとは限らないものの、これを参考とするとよいです。近隣の地盤データをもとに、地盤改良費をある程度見積もり、試算してもらうのです。

☞　**近隣の地盤調査結果（例）**

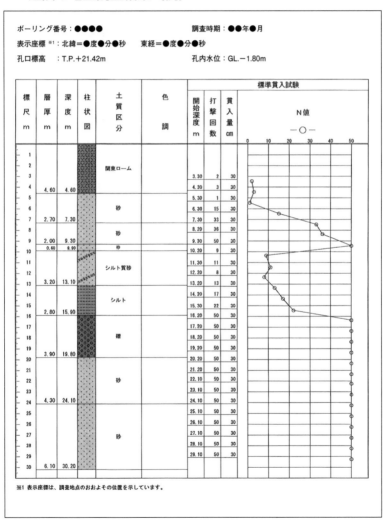

前頁は、近隣の地盤調査結果を取り寄せた例です。この結果の見方も、自分で判断するというよりは、建築士に判断してもらうとよいでしょう。

Ⅱ 水道本管の設置状況

建物を新築する場合、水道本管と呼ばれるメインの水道管から建物の敷地内まで配管する工事が必要です。水道引き込み工事は、道路に溝を掘って、配管する作業が発生するため、敷地と水道本管との距離が遠くなるほど、費用が高額になります。住宅街では、敷地からそれほど遠くないところに水道本管が施工されていますが、誰も住んでいない場所に新たに建物を建てる場合等は、水道本管まで100メートル以上あるということも珍しくありません。そうすると、工事費が高額になります。

水道管管理図（配水管の位置・口径、給水管の位置・口径、水道メータの位置などが分かります）は水道局で閲覧できますので、これをもとに工務店に引き込み費用を見積もってもらいましょう。引き込み費用は、通常は30万円～50万円程度が目安です。

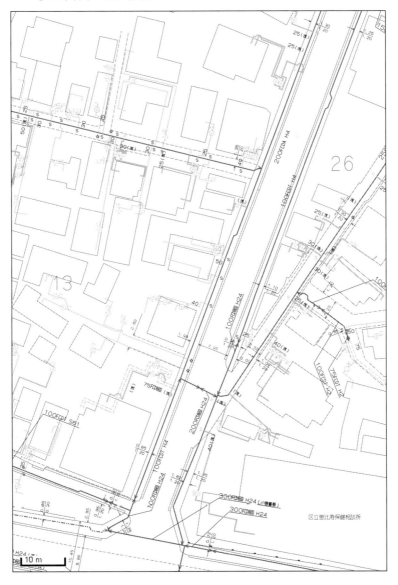

Ⅲ　道路の状況

　建築する土地の前面の道路幅が狭いと、大型のトラックが入っていかないため、小型のトラックで往復する回数が増えます。そうなると、人件費・車両費が上がり、建築費が増額します。

　道路の状況はあらかじめ現地を見れば分かることですので、工務店に事前に確認してもらえば足ります。コンクリート打設時に、生コン車等で道路を封鎖しないといけないような状況では、警察と協議のうえ、警備員を配置する必要があります。そういった人件費も割増要因となります。

コラム④　都心とは？

　東京都心部で投資するとした場合、具体的にはどこが投資適格を有する都心部といえるのでしょうか。

　ここで、「投資適格を有する」とみなすためには、地盤の強さも加味して決める必要があります。地盤が弱い地域で建物を建築しようとすると、地盤改良費で多額の費用が発生してしまうからです。また、近年では、地震による土地の液状化も問題となっています。

　そして、地盤の強さについては、ある程度地域ごとに傾向があります。東京都の地形は、台地と低地の２種類に大きく分けられます。京浜東北線に沿って、西側は武蔵野台地、東側には低地が広がっているのです。武蔵野台地は、標高20メートル以上で、10万年以上前にできた古い土地ですので、地盤は固いです。一方、東側の低地は１万年以上前にできた土地といわれており、地球の歴史からすると非常に新しい土地で、地盤が緩く、関東大震災では大きな被害を受けました。

　よって、まずは京浜東北線より西側の立地を選ぶ必要があります。

　この点、中央区は人口が増えていく都心部といえますが、江戸時代は海に面した低地が大半だったようですから、土地を買って建物を建築する投資手法には合いません（ただし、銀座から北側の日本橋・三越前にかけては微高地になっており、江戸時代にはすでに埋め立てられていたので、

地盤自体は比較的締まった砂層が続いており、安定しているといわれます）。

　また、千代田区の地形は皇居から西側の外堀通りの手前までは武蔵野台地上にありますが、丸の内・大手町から北側の神田・秋葉原にかけては低地になっています。

　次に、よくいわれているように、山手線の内側の土地は資産価値が下がりにくいので、それも条件に加えるべきです。ただし、同じく山手線の内側でも、北半分と南半分では人気に差があります。上野と新宿を結んだ境界線より南半分の立地こそ都心部といえるでしょう。

　以上で、京浜東北線の西側、山手線の南半分という一定の基準が導き出されましたが、例外もあります。ネームバリューのある駅で、かつ地盤が強い地域です。

　京浜東北線の西側、かつ山手線の南半分から外れる地域で、なお投資すべき地域とは、具体的には、目黒駅から中目黒駅、代々木上原駅、初台駅を通って、新宿駅に戻ってくるエリアの東側です。また、新宿駅から新大久保駅、高田馬場駅、目白駅、池袋駅に至る沿線は、各駅徒歩10分圏内であれば投資適格といえると思います。

　この辺りは、あくまで筆者の感覚ですので、悪しからず。

☞ 不動産投資対象における「都心」

各駅徒歩10分圏内

京浜東北線より西側

池袋
目白
高田馬場
新大久保
新宿
代々木
初台○
原宿
代々木上原○
渋谷
恵比寿
中目黒○
目黒
五反田
大崎

上野
御徒町
秋葉原
神田
東京
有楽町
新橋
浜松町
田町
高輪ゲートウェイ
品川

三為業者のビジネスモデル

　三為業者とは、要するに、不動産の「転売屋」です。
彼らのビジネスモデルは、以下の通りです。

　たとえば、三為業者Bは、地方の物件について、売主A
から1億円で収益物件を購入したとします。実際に売買契
約は締結するものの、「第三者の為にする契約」として、
Bからエンドの買主Cに転売することを許容してもらう
契約とします（これによって売主Aから買主Cへ直接の登
記移転が可能となり、三為業者は自社で登記を入れないた
め、不動産取得税や登録免許税を支払わずに売買を行うこ
とができるようになります）。
　「第三者の為にする契約」をする業者ということで、三
為業者というわけです。

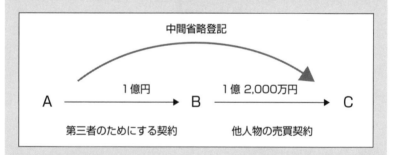

　Bは転売先のCがみつかる前に、まずはAと売買契約
をして土地を押さえます。その後、都内で不動産投資セミ
ナーを開きます。「客寄せパンダ」の弁護士・税理士など
が第1部で講演をし、第2部でBの営業マンが物件の紹
介をして、セミナーに来た無知な投資家に、利益を乗せ

て販売します。たとえば、上記1億円の物件を1億2,000万円程度で売ります。

　したがって、契約関係は、A・B間の売買契約と、B・C間の売買契約の2本の契約となります。A・B間の契約は、決済期限を長めにしてもらっておき、決済期限がくる前にCに売り切ります。そうすると、Bは売買代金を用意せずに、A・B間の決済を完了できます（B・C間でCが支払う売買代金をAへの支払いに充当します）。

　Bは買主をみつけられないと、自分で決済するなり、手付金放棄や違約金の支払いを迫られますので、リスクは負います。Cに金融機関もセットで紹介したり、賃料をサブリースで保証すると約束したり、必死です。

　ところで、三為業者のビジネスモデルは、違法でも何でもありません。仕入れた商品に利益を乗せて販売するのは、当然のことです。

　三為業者だから「悪質」なのではなく、利益を乗せ過ぎている業者（暴利行為）、Cが金融機関へ提出する資料を偽造する業者、約束したサブリースをすぐに解約する業者が悪質なのです。

　ちなみに、三為業者の仕入れの方法は参考になります。地方の物件を地方の地元業者経由で仕入れるのです。

　地方の仲介業者と東京の業者とでは、情報格差があります。地方の業者は、東京の投資家が不動産投資で加熱していて、「融資がつけば、高値でも買う」という状況を理解しないことが多いです。したがって、明らかに低い値付け

で媒介しているケースがありました。三為業者はそこを突いて、地方の地元業者を巡回して、「良い物件が出たら、すぐに融資特約なしで買いますので、連絡ください。もちろん仲介手数料は満額出します」とグリップしていたのです。

第5章

バリューアップ戦略

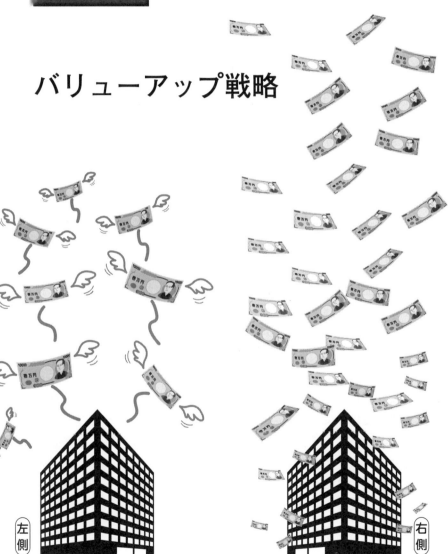

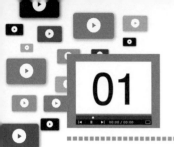

01 人生を変える バリューアップ

第2章にて、**投資哲学第9条**「バリューアップはアートの世界である」と紹介しました。

不動産投資は、単に完成した物件を買っているだけでは、あまり儲かりません。パッケージ商品だからです。

パッケージ商品を買うのではなく、ご自身で、さまざまな発想で、他にない価値を創造できれば、儲かる不動産投資が可能となります。卓越した発想で他にない価値を創造できれば、それは「アート」とさえいえます。

この点、人生を変えるほどに儲かる不動産投資をするためには、高収益化＋超安定化が必要です。

高収益化とは、賃料を上げて、利回りを上げる行為です。利回りが上がれば、売却時の価格もバリューアップします。賃料を上げる行為には、5つのパターンがあります。次の表の①〜⑤です。

超安定化とは、工夫により収益を高めたのはよいが、それが一時的ではなく、継続して安定することを保証する行為です。高収益化して、それが安定しているのであれば、買主は安心しますので、その物件を高く買ってくれるでしょう。安定化させる行為にも5つのパターンがあります。次の表の⑥〜⑩です。

☞　人生を変えるバリューアップ

人生を変える バリューアップ	＝	高収益化	＋	超安定化

①開発行為・　　　　　⑥都心でレジ
　最有効使用
　　　　　　　　　　　⑦サブリース・
②シェアリングエコノミー　賃料保証
③事業展開　　　　　　⑧大手に一括貸し
④賃料増額　　　　　　⑨満室経営
⑤鑑定評価　　　　　　⑩リースバック・
　　　　　　　　　　　　中途解約不可

　①〜⑤と、⑥〜⑩について、それぞれ自由な発想で組み合わせて価値を創造してください。

　以下、本章では、代表的な組み合わせを紹介します。

02 開発行為・最有効使用＋都心でレジ

(1) 開発行為・最有効使用（①）

　まず、そもそも開発行為をすること自体が、収益を高める行為となります。何もない土地に建物を建築するのですから、価値を創り出すことになります。

　加えて、その土地の最有効使用を考えて、最も価値の高い開発をすることが高収益化へとつながります。

　最有効使用はその土地その土地で異なり、一般化はできませんが、一例を挙げると、実需が戸建てを建築する住宅街で収益物件を建築する行為が、最有効使用となる場合があります。
　実需用地である住宅街は、取引事例比較法で土地の価格が決まります。取引事例比較法とは、近隣で実際に行われた取引事例を複数ピックアップし、比較検討することで価格を算出する方法です。
　この価格設定の方法だと、実需（主にサラリーマン）がマイホームの土地値として出せる金額に落ち着きますので、マネーゲームのように価格が高騰することはないのです（ちなみに、最近の都心部の商業用地は、マネーゲームそのものであり、買う時機ではありません）。
　取引事例比較法で買える土地で、収益物件を建築すると、収益物件を建てる土地としては土地値が割安ですので（この手法は、**投資哲学第7条**「アービトラージを狙うべし」を活用しています）、高収益が実現できるケースがあります。

(2) 都心でレジ（⑥）

⑴では、住宅街で収益物件を建築すると収益が高くなると述べましたが、加えて、立地は都心に限定して、かつ、建物をレジ（レジデンス）とすることで、超安定化になります。

「**ボラティリティ**」という言葉をご存知でしょうか。価格変動の度合いを示す言葉です。「ボラティリティが大きい」という場合は、その商品の価格変動が大きいことを意味し、「ボラティリティが小さい」という場合は、その商品の価格変動が小さいことを意味します。

ボラティリティが大きい商品はリスクが高く、ボラティリティが小さい商品はリスクが低いと判断されるのが通常です。同じ利回りであれば、当然、リスクが低いほうが好まれますので、ボラティリティが小さい商品とすることで、安定していると判断され、売りやすくなります。

そして、不動産投資の対象が何であるかによって、ボラティリティは違ってきます。私が考えるボラティリティの順序は、次の通りです。

☞ ボラティリティの順序

————————➤ ボラティリティが大きい

レジ ＜ オフィス ≦ 店舗 ＜ ホテル

ホテルに投資するというのは、自然災害や経済情勢の影響を思いきり受けることになります。したがって、ボラティリティは大きいです。

店舗や**オフィス**についても、リーマンショック級の不景気がきてしまうと、賃料が半額という物件もありました。不景気で企業や飲食店・ショップが撤退すると、空室率が増えるので、賃料を下げることになります。やはりボラティリティは大きいです※。

　ところが、**レジ**については、住宅の賃料は景気の影響に左右されにくいといわれています。リーマンショックがこようと、住宅に住む人が撤退することはありません。もちろん、レジでも、高額な賃料の物件を保有すると、景気の悪化により空室が目立つこともあるでしょうが、普通のマンションであれば賃料が大幅に下がることは考えにくいです。

　したがって、レジに投資するというのはボラティリティが小さく、安定した投資となるでしょう。

　また、不動産投資をする立地が都心であれば、当然、地方と比べて賃料の下落圧力は低いです。賃料の動向は人口の動向に左右されますので、人口が増えていく立地で投資するというのは安定した投資となります。

　以上から、「都心＋レジ＝超安定化」という図式が成り立ちます。

※　巻末の**緊急収録**「新型コロナウイルスが不動産投資に与える影響」も参照。

03 シェアリングエコノミー＋サブリース

(1) シェアリングエコノミー（②）

　シェアリングエコノミーとは、ヒト・モノ・場所・乗り物・お金など、個人が所有する活用可能な資産を、インターネットを介して個人間で貸し借りや交換することで成り立つ経済の仕組みのことです。

　ヒトなら時間や持っている技術、モノなら着なくなった衣類、場所なら使っていない駐車スペースや部屋・家といったように、所有している人がそれを必要とする人に必要なタイミングでシェアするという考え方で、アメリカの配車サービス Uber や、インターネットで空き部屋を貸し出す Airbnb など、さまざまなサービスが生まれています。

　日本でも、「カーシェアリング」や「シェアハウス」などのサービスが浸透し、個人間ではありませんが、モノや場所を他人と共有するという考え方が定着しつつあります。

　シェアリングエコノミー（シェア）を不動産投資に活用して、収益を高める例はいくらでもあります。

> ・空間をシェアするシェアハウス
> ・広大な土地をシェアする宅地分譲地
> ・時間をシェアするタイムシェア

などです。

シェアハウスとは、入居者それぞれにプライベートな個室があり、リビングやキッチン、トイレ、バスルームなどの空間や設備をシェア（共有）する住まいのことをいいます。

　宅地分譲地とは、不動産業者が広い土地をいくつかの土地に分けて（区画整理して）宅地用に販売している土地のことをいいます。広いままでは価格が高すぎて買主が付きませんので、いくつかの区画に分けて販売するのです。

　タイムシェアとは、たとえば、コンドミニアムスタイルやホテルタイプの１室を年間52週に分割し、その「１週間分の所有権」を購入し、「共同所有する」と説明されています。

　以上に共通しているのは、<u>１つの不動産として売却したり、賃貸に出したりするよりも、シェアして売却・賃貸したほうが、オーナーの収益は高くなる</u>という点です。

　ポイントは、買主や借主がグロスの金額を抑えられるので、割高でも購入してしまうということです。

　タイムシェアが分かりやすいですが、たとえば、その物件を年間に１週間利用できる権利が平均1,000万円で販売されているとします。売主の売上げは、「1,000万円 × 52週 ＝ 5億2,000万円」となります。一方で、この物件をシェアせずに１人の買主に売却すると、3億円程度となるという例はよくあります。

　3億円は出せないが、1,000万円は出せる（グロスの金額が小さいので）層に向けて、メリット（●年間で元が取れる、相続・贈与の対象になる、等）を強調して販売します。

　シェアハウスも同じです。立地の良いマンションに１人暮らしがしたいものの、グロスの賃料は月額10万円までしか出せ

ないという層に向けて、「全4室＋共用部」のシェアハウスを企画します。賃貸人は月額40万円（10万円×4名分）の賃料収入ですが、仮に4LDKとして1家族に賃貸に出すと、賃料は25万円程度という例です。

　以上のように、シェアにすると、不動産の収益は高くなることがあります。

(2)　サブリース（⑦）

　シェアハウスとすることで普通の賃貸経営よりも賃料収入が上がるにしても、それが安定していないと物件オーナーにとってメリットとはいい難いですし、その物件を売却するにしても、買主が安心できるものではありません。

　そこで、物件をシェアハウス運営する前提の賃料で、シェアハウス運営会社にサブリースすると、超安定化するようにみえるのです。

　賃貸オーナー向けの家賃保証として、大手ハウスメーカーや不動産業者が提供しているのが「サブリース（一括借上げ）」です。これは、保証会社が物件を一棟丸ごと借り上げて、賃貸管理も合わせて行う制度です。オーナーは何もしないで一定の借上げ賃料を得られるので、賃貸経営が安定するようにみえるわけです。

　普通の賃貸でサブリースを導入すると、満室想定賃料の70％〜90％の借上げ賃料になるのと、借上げ家賃以外の収入（礼金・更新料など）が、すべて保証会社の取り分になるため、収益性が落ちます。

そこで、シェアハウスとして賃料を高く設定して、一括借上げをするのです。

　シェアにより高収益化させて、サブリースで超安定化させる例です。

　これはご存知の通り、「かぼちゃの馬車」事件の手口です。

　かぼちゃの馬車は、シェアにより高収益化したように見せかけたものの、立地が良いものではなかったため、シェアハウスとしての運営は破綻しました。

　また、「家賃保証」といっても、結局「無い袖は振れない」ということで、サブリース賃料は滞納されることになったのです（そもそも、30年間家賃保証といっても、その期間は賃貸契約をすることを保証しますが、賃料の改定はあり得るというケースが多いです）。

　「かぼちゃの馬車」事件は社会問題にもなり、運営会社は民事・刑事で責任追及されています。決して許される行為ではありませんが、バリューアップ戦略の１手法として、その考え方は参考になるものです。

04 事業展開＋大手に一括貸し

(1) 事業展開（③）

　不動産投資の手法として行う事業とは、前節 **03** ⑵で紹介したシェアハウス運営もそうですし、ホテル運営や、民泊運営、保育園の運営などです。

　普通にレジデンスとして賃貸するよりも、民泊で貸し出した方が収入増となることはよくあります。民泊は、1か月を30日間でシェアして貸し出す点では、②シェアの原理も含まれています。

　ホテル運営の場合、ホテルオペレーターとの契約形態には大きく分けて2つのパターンがあります。固定賃料型と、変動賃料型です。

　固定賃料型であれば、物件オーナーには、オペレーターから毎月定額の賃料が入ってくるので、ホテル運営のリスクはオペレーターが負っているとはいえ、賃料の金額は低く抑えられます。したがって、固定賃料型であれば、物件オーナーは事業をやっているとはいえませんし、高収益化できるわけでもありません。

　他方で、変動賃料型であれば、GOPと呼ばれるホテル運営の利益をオペレーターと物件オーナーで分けることになりますので、ホテル運営が上手くいって高い利益を出せば高収益化することができます（反対に、GOPが低い場合は固定賃料より

も受取賃料が下がることもあります）。

　したがって、（オペレーターを使いながら）ホテル運営をすることで高収益化は実現可能です（ちなみに、私は、熱海、伊豆、沖縄でホテル※を保有していますが、すべて変動賃料型でオペレーターと契約しています）。

　また、自分の物件に認可保育園を誘致するという方法もあります。認可保育園の運営事業者は、市区町村から助成金を受け取れるケースが通常ですので、多少賃料が高くても入居するニーズは強いです。
　自ら保育園事業を行うわけではなくとも、運営事業者を通して、保育園事業があるからこそ高収益化できるということです（ちなみに、私は東京都港区の自社物件にて、自社で保育園を運営しています）。

(2)　大手に一括貸し（⑧）

　(1)では、ホテルや保育園の運営事業者に物件を賃貸することで高収益化できる可能性があると説明しました。

　そのようなホテル事業や保育園事業は、運営事業者の力量でかなり左右されます。事業が破綻してしまうと、賃料は一切入っ

※　著者保有ホテル
・UMITO VOYAGE ATAMI
　https://umitovoyageatami.com/
・UMITO the salon IZU
　https://umitothesalonizu.com/
・UMITO PLAGE The Atta Okinawa
　https://umitoplagetheattaokinawa.com/

てこないというリスクもありますので、事業を展開することで
賃料が高くなっていても、安定していないとしてメリットでは
なくなってしまいます。

　そこで、超安定化させる手法として、貸し出す運営事業者を
大手企業とするのです。
　借主が大手であっても、事業が破綻したり、想定していた利
益を上げられずに賃料を減額したりしてくる可能性はありま
す。しかし、自ら保有するホテルや保育園を売却することを考
えると、買主からすれば、オペレーターが誰なのかをとても気
にするはずです。
　借主が大手企業であれば、この高い賃料を継続して払ってく
れるであろうという期待は高まります。したがって、大手に一
括貸しという手法は超安定化となるのです。

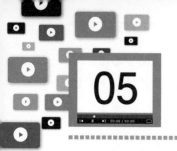

05 賃料増額＋満室経営

(1) 賃料増額（④）

　既存の賃貸借契約で定められている賃料について、直接的に賃料増額ができれば、当然、高収益化が実現できます。

　賃料の増額については、借地借家法で規定があります。

第32条

1　建物の借賃が、土地若しくは建物に対する租税その他の負担の増減により、土地若しくは建物の価格の上昇若しくは低下その他の経済事情の変動により、又は近傍同種の建物の借賃に比較して不相当となったときは、契約の条件にかかわらず、当事者は、将来に向かって建物の借賃の額の増減を請求することができる。ただし、一定の期間建物の借賃を増額しない旨の特約がある場合には、その定めに従う。

2　建物の借賃の増額について当事者間に協議が調わないときは、その請求を受けた者は、増額を正当とする裁判が確定するまでは、相当と認める額の建物の借賃を支払うことをもって足りる。ただし、その裁判が確定した場合において、既に支払った額に不足があるときは、その不足額に年１割の割合による支払期後の利息を付してこれを支払わなければならない。

　この点、増額しない特約がない限り、賃料の増額請求は賃貸人の権利です。したがって、まずは文書で賃借人に対して増額の請求をします。

これに対して、賃借人が賃料の増額を受ける・受けないは自由です。借地借家法第32条第2項では、賃借人は裁判で負けるまでは自分で妥当と思う賃料を支払えば足りるとされています（契約で定められた賃料を下回ることはできません。その場合は単なる賃料滞納です）。賃貸人から値上げの通知をされても、賃借人は従前の賃料を支払っていれば、債務不履行で賃貸借契約を解除されることはないという意味です。

　ただし、その後に調停を経て、訴訟で増額が認められてしまうと、賃貸人が増額して支払ってくれと通知をした支払日から不足分と年利10％の利息を支払わなければならなくなります。

　以上の流れを図解します。

☞　**賃料増額請求のフローチャート**

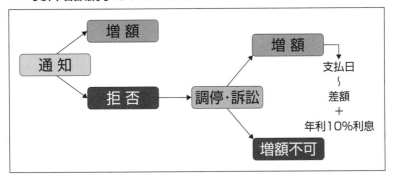

　実際に、相場より安い賃料で貸している物件は、結構あります。そのような物件については、増額の通知をしてみるとよいです。

　賃借人の心理としては、「もともと相場より安い」という負い目がある中、「賃貸人とトラブルになりたくない」し、「裁判で負けた場合は年利10％の利息も支払う必要がある」という不安もありますので、応じてくるケースはあります。

(2) 満室経営（⑨）

　築年数の古い物件を購入して、昔ながらの安い賃料で貸し続けてきたテナントに対し、賃料の増額もできたとして、あとは満室にできてしまえば、安定した収益物件とみてもらえます。

　物件の築年数が古いと、その物件を購入しようと検討する投資家は、はたして購入後に満室にできるのか、不安に思うことでしょう。しかし、最初から満室であれば安心です。

　満室にすることで超安定化する理屈は、土地から建物を新築する場合にも当てはまります。完成前の物件を購入しようとする投資家にとっては、業者の提示する想定賃料が本当に入ってくるのか不安で仕方がありません。

　したがって、一般的には、完成前よりも、完成後に満室にして売却したほうが高く売れるといえます。

06 鑑定評価＋リースバック・中途解約不可

(1) 鑑定評価（⑤）

　自分の保有する物件を少しでも高く売ろうと思ったら、鑑定評価を取るとよいです。鑑定評価とは、不動産鑑定士に依頼して、不動産の経済価値を判定し、価額で表示することです。

　鑑定評価の手法はさまざまですし、本書の領域ではありませんので割愛しますが、不動産鑑定士によって金額は大きく異なってきます。したがって、最も高く鑑定してくれる鑑定士に依頼することが重要です。

　高い金額で評価してくれる鑑定士に鑑定してもらうことで、物件の価格が上がることになります。

　もちろん、鑑定評価の金額でただちに第三者に売れるわけではありませんが、買主にとっても、不動産鑑定士の評価した鑑定評価の結果は気にすることでしょう。

　また、REITやファンドへ売却する場合には、必ず鑑定評価を取ることになります。彼らのお抱えの不動産鑑定士が鑑定することになるのですが、鑑定評価通りで購入するのが通常です。したがって、彼らのお抱えの鑑定士に公正な範囲で「鉛筆を舐めてもらう」ことができれば、ある意味、高収益化できたことになります。

(2) リースバック・中途解約不可 （⑩）

　自分の物件を第三者に売却する際に、売却後にリースバックする約束をすることで、買主を安心させることができます。買主としては、自分が購入後に、売主が賃料を支払ってくれるとなると、すぐに満室になって、隙間なく賃料が入ることに安心します。

　ただし、売主は売却したいがために、買主とリースバック契約を締結しつつも、しばらくしてリースバック契約を中途解約するというケースもあるでしょう。しかし、それでは買主は不安になります。

　そこで、契約期間中の中途解約を不可としておくことで、買主は安心しますし、その物件は超安定化します。

　この点、契約は守らなければならないのが原則ですので、契約期間を定めた場合は、債務不履行がある場合か、中途解約条項がない限り、中途解約はできません。したがって、中途解約を認めないのであれば、契約期間を定めたうえで、中途解約条項を入れなければよいだけです。

　ただし、200 平方メートル未満の居住用建物の借主は、やむを得ない事情で、賃借している建物を自己の生活の本拠として使用することができなくなった場合は、中途解約ができる旨の特約がなくとも、解約の申入れ日から 1 か月を経過することによって定期借家契約を解約することができると定められています（借地借家法第 38 条第 5 項）。

　以上の⑤**鑑定評価＋⑩リースバック・中途解約不可**の手法は、実は自社ビルを売却してオフバランス（企業不動産などの資産を会計からオフする、つまり外すこと）する際に有用です。

すなわち、自社ビルを第三者に売却してリースバックを受ければ、本社機能・所在地はそのままにしながら、自社ビルという不動産を資産から外すことができます。不動産を資産から外すということは、当然ながら自社ビルのための借入金を同時に完済しますので、負債が減って、バランスシートは改善されます。売却益が出た場合は、負債を減らすのみならず、その分の現金が増加しますので、財務内容は大変良好なものとなるでしょう。

　この点、自社ビル売却で売却益を出すためには、リースバックを受けるための賃料を高めに設定しておけば、収益還元法により売却価格を高くすることが可能です。そこで、なるべく高い賃料でのリースバック契約をすることで、高い鑑定評価を得るのです。
　賃料が高いと毎月の負担は重くなりますが、売却価格を高くしたほうが、現金の「塊」を一気に手にすることができるため、先に紹介したファイナンス戦略上は得策です。

　そして、リースバック契約期間中の賃料減額と中途解約を不可とすることで、高収益化して、かつ超安定化した収益物件ができあがります。
　私は、自社ビルを売却して、リースバック契約を締結し、オフバランスしています。

コラム⑥　右上の開発型

　私が都心開発型で投資していると聞きつけて、「情報交換させてください」と訪問してくる方が数名いました。「私も右下でずっとやってきたのですが、よりレベルアップしたいと思い、堀塾に入りたいと思っています」と言うので、今までの投資事例を聞いてみると、足立区や中野区、埼玉県浦和市といった立地でやっています。完成時の利回りを聞いてみると、Ｓ造（「鉄骨」。RC造やSRC造よりも軽量で、建築費は低く抑えられる）で6〜7％程度です。

　その立地で、その利回りは、エンド価格です。わざわざ自分で土地から建築しなくても、完成物件がそれくらいの利回りで売りに出ています。自分で開発すればよいというものではありません。

　そもそも、そのような立地で投資する行為は、右下の投資ではありません。

　土地から仕入れて、建物を新築する行為は、開発型の不動産投資といえますが、開発型＝右下の投資ではないのです。右下の投資は、あくまで都心部で行う開発型を指します。

　要するに、上記の方々は、自ら開発するという意味で「右」側投資、かつ、都心部以外の立地を選んでいる点で「上」側投資であり、右上の投資をしているのです。右上の投資をやっているのですが、土地を高値掴みしているので、完成時利回りがエンド目線になってしまっています。

　そもそもそれらの物件は、左下の富裕層に売却できるものでもなく、私が推奨する投資手法ではありません。私が主催する堀塾に入塾するにあたっては、右下に集中していただくことをご説明しています。

第6章

出口戦略

左側

右側

プロ野球の世界でも、抑えの切り札が万全であれば、序盤から先発ピッチャーは飛ばして行けますし、「2〜3点で差勝っていれば、絶対に勝てる」と自信を持って試合運びができることでしょう。

　出口戦略をよく勉強し、「都心部でこの利回りで買っておけば、絶対に勝てる」と自信を持って投資できるようになりたいものです。

　第2章の投資哲学**第10条**「出口戦略はコトラーに学べ」で述べた通り、高い価格で不動産を売却するためには、ターゲットごとに、ターゲットの購入目的からコンセプトを考えることが重要です。

　そして、そのコンセプトに従ったマーケティングの**4P戦略**を駆使することで、物が売れる仕組みを作ることができるでしょう。

☞　STP分析→4P戦略

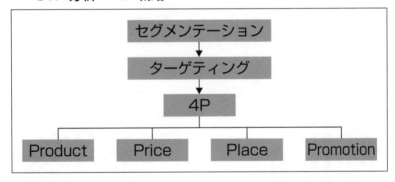

　第2章で分類した投資家のセグメントごとに、不動産の購入目的として考えられるものを再度挙げておきます。

- ・実需……利便性、資産価値
- ・サラリーマン投資家……キャッシュフロー
- ・相続税対策の富裕層……相続税の節税、資産価値
- ・IPO 長者……安定したインカムゲイン、ステータス
- ・REIT、ファンドなどプロ……大規模＋長期安定収入
- ・外国人投資家……キャピタルゲイン

　これらの購入目的に沿う物件となるように差別化して、物件を仕上げていくべきとなります。

　それでは、ターゲットごとに、具体的にどのように販売していくのかについて、4P戦略を用いて紹介します。
　4Pとは、マーケティング戦略の立案・実行プロセスの1つである、マーケティング・ミックスに関連する要素であり、

- ・Product（プロダクト：製品）
- ・Price（プライス：価格）
- ・Place（プレイス：流通）
- ・Promotion（プロモーション：販売促進）

の頭文字をとってまとめられるものです。
　以下、本章で順に解説します。

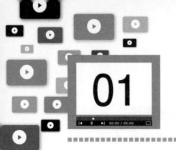

01 Product（プロダクト）

4Pのうち、Product（プロダクト：製品）については、まさに上記ターゲットの購入目的に合わせて作成することになります。

たとえば、自分のターゲットが相続税対策の富裕層であれば、彼らの購入目的は相続税の節税ですので、時価と相続税評価額が乖離している（圧縮率が高い）物件となるべく、なるべく都心の物件を開発することになります。都心であればあるほど、路線価と時価が乖離するからです。

また、IPOなどで多額の現金を手にした若い資産家は、ステータスを意識して不動産を購入することがあります。ですから、彼らに買ってもらうには、建築するマンションの外観デザインや内装にはグレード感が求められます。もちろん、立地が都心ど真ん中であることも必須です。

一例として、私の建築した六本木の8階建てマンションは、最上階はわずか1室の広々とした間取りで、そこをオーナールームとして使用したいという若手資産家から支持を受けて、購入を決断していただきました（巻頭カラー頁・**物件A**参照）。

02 Price（プライス）

次に、Price（プライス：価格）については、主に以下の2つの方針が考えられます。

まず、投資した原価に対して、自分で設定する利益を乗せて、価格を決定するのが、**方針①**です。

たとえば、土地1億円、建築費1億円、諸費用2,000万円として、利益率30％を確保したい場合は、

（1億円＋1億円＋2,000万円）× 130％＝2億8,600万円

となります。

次に、顧客が買うであろう価値（＝上限）をもとに、価格を決定するのが、**方針②**です。

たとえば上記事例で、完成後の建物が年間賃料1,350万円を生み出すとして、顧客は期待利回り4.5％で買う場合は、

1,350万円÷ 4.5％＝3億円

となります。

方針①②を比較した場合、**方針①**で価格設定すると、本来得られるはずの利益（3億円－2億8,600万円＝1,400万円）を

逃すことになります。

　ちなみに、**方針①**の利益率を 37％に設定すると、**方針②**より価格が高くなりますが（３億 140 万円）、**方針②**が価格の上限ですので、その価格では売れないということになります。

　では、一定の利益率が確保できれば、最大の価格で売ることにこだわらず、**方針①**で価格設定するのか、あくまで価格の上限で売却するべく、**方針②**で価格設定するのか、いずれがよいでしょうか。

　私の場合は、**方針①**で価格設定することにしています。一定の利益が確保できれば、早々に利益確定させて、売却した資金を次の物件の取得に充てます。

　というのは、不動産投資というのは無限にできるわけではありません。自己資金にも限りがありますし、金融機関から引ける融資の枠にも上限があります。

　上記２億 2,000 万円の投資を早々にエグジットさせれば、自己資金を回収して、さらなる融資を引くことが可能となるのです。そうすると、さらに２億〜３億の規模で、利益率 30％で投資できれば、6,000 万円〜9,000 万円程度の利益を狙えることになります。

　上記事例でいえば、1,400 万円（３億円－２億 8,600 万円）の差にこだわって、売却に時間がかかってしまうのであれば、逆に勿体ないということになります。

　キャピタルゲイン狙いの不動産投資は、回転させてナンボです。

03 Place（プレイス）

Place（プレイス：流通）については、チャネルの長さを決める必要があります。

チャネルとは、製品を消費者まで届ける流通経路のことをいい、不動産でいえば、開発された物件について、エンドの投資家が購入するまでの流れをいいます。

不動産におけるチャネルの長さは、以下の3パターンが基本です。

長さ0＝売主→買主
長さ1＝売主→両手仲介→買主
長さ2＝売主→売りの仲介→買いの仲介→買主

長さ0の場合は、直販で、仲介業者に依頼しませんので、仲介手数料はかかりません。しかし、自力で買主をみつけてくるというのは特別な事情がある場合か、売主自身が不動産業者である場合に限定されます。

長さ1の場合は、仲介業者が売主・買主双方から仲介手数料をもらえますので、俄然やる気となるはずです。

高額の物件を売却するには、特別な顧客に売る必要があります。2世や3世の資産家一族、IPOや会社売却で財を成した人、海外のVIPなどの特別な顧客は、町の不動産屋が抱えているわけではありません。大手仲介や信託銀行が、顧客として抱えていることが多いです。

そして、そのような特別な顧客は、大手仲介や銀行の担当者を信頼していることがあり、担当者の勧める物件を買うという構図が成り立っています。逆にいえば、担当者がその物件を顧客に見せなければ、検討の対象になり得ないということです。まさに担当者の「さじ加減」です。担当者には、片手分しか手数料が入らない物件よりも、両手で入る物件を優先して顧客に勧める動機があります。

　高額の物件を売る際は、**長さ1**を選択するケースは多いです。

　他方で、３億円以下の物件を売る場合は、**長さ２**でやるケースが多いです。

　その価格帯であれば、比較的買える層が多くいますので、広く買主を探したほうが賢明です。売りの仲介の顧客のみならず、買いの仲介の顧客、買いの仲介も１社ではなく数社に依頼することもありでしょう。

　この価格帯の物件は、特別な顧客に売るというよりは、むしろ広く買主を探したほうがみつかりやすいといえますので、売りの仲介が囲い込む（両手仲介を狙って、情報を買いの仲介に渡さない）ことのないよう、売りの仲介を注視する必要があります。

04 Promotion（プロモーション）

　最後に、Promotion（プロモーション：販売促進）です。

　不動産の売却におけるプロモーション戦略は、要するに情報を拡散するのか、密かに売りに出すのかという選別です。

　基本的には、前述のチャネル**長さ１**でやる場合は、情報を表に出さずに、クローズドに売却することになります。

　大手仲介や信託銀行の優秀な営業マンは、富裕層の顧客から信頼されていて、その信頼をもとに顧客に物件を勧め、高い確率で成約させています。その関係性があるにもかかわらず、出回っている物件（チラシで見たことがあるとか、他の不動産会社のサイトに掲載されているなど）を紹介してしまうと、顧客から「それは他でも見たことあるよ」と失望されてしまい、営業マンの能力に対する不信感につながってしまうおそれがあります。ですから、優秀な営業マンは、大事なお客様に出回り物件を紹介したりはしないのです。

　逆にチャネル**長さ２**で売る場合は、広く広告を打つなど、情報を拡散するほうがよい場合があります。そのほうが買主候補をみつけやすいからです。

　ただし、**長さ２**の場合でも、売りの仲介に力がある場合は、やはり情報をクローズドにするほうが効果的です。中小の不動産会社ですと、片手仲介であっても喜んで仕事をしてくれます。売主から預かった売り物件を、仲のよい不動産会社に顧客をみつけるよう依頼してくれるのですが、依頼された買いの仲介としても、自分の顧客に紹介するに際して、出回っていない物件のほうが紹介しやすいはずです。

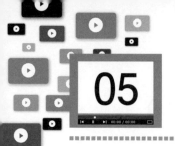

05 売却のプロセス分解

　以上のように商品設計や流通方法を定めた後に、実際に物件が売れるまでの流れを解説します。

　基本的には、以下のような流れを辿(たど)ることになります。

☞ **物件が売れるまで**

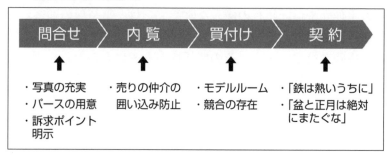

問合せ	内覧	買付け	契約
・写真の充実 ・パースの用意 ・訴求ポイント明示	・売りの仲介の囲い込み防止	・モデルルーム ・競合の存在	・「鉄は熱いうちに」 ・「盆と正月は絶対にまたぐな」

　まず、何はともあれ、買主候補から問合せを受ける必要があります。

　ですので、買主の購買意欲を刺激するように、物件概要書には物件の写真を綺麗に載せたり（プロに撮影してもらうべきです）、完成前物件であればパース（建物の外観や室内を立体的な絵にしたもの。完成予想図)を載せたりすると効果的です(写真やパースの例は、巻頭カラー頁参照)。

　また、物件の訴求ポイントも強調します。立地の良さをアピールしたり、相続税の節税がどれくらいできるのかを説明したりするのもよいでしょう。

　次に、そのようにして問合せがあっても、売りの仲介が「囲

い込み」をしてしまうと、そこで流れが寸断されてしまいます（囲い込みについては、**コラム7**を参照）。

　囲い込みを止めさせるには、別の不動産業者経由で売りの仲介に問合せをしてもらい、囲い込みの事実が認められた場合は、売りの仲介に抗議するとよいでしょう（ただし、あえて両手仲介とさせて、売りの仲介に発奮してもらうケースがあることは前述した通りです）。

　問合せ後、買主候補が物件を実際に内覧して、気に入った場合は、早めに買付けをもらいたいところです。

　買付けを入れてもらう確度を高めるためには、やはり購買意欲を刺激するために、室内をモデルルーム仕様にして、センスの良い家具を置くなどの工夫も有効です（巻頭カラー頁参照）。

　また、買主の競合がいれば、その存在をチラつかせて早めに買付けを出してもらうよう促すとよいです。

　以上の流れで無事に買付けを受け取っても、安心はできません。実際に売買契約に押印して、手付金を受け取るまでは、いつキャンセルになるか分からないと思っておいたほうがよいでしょう。

　買主候補も、物件を内覧して気分が高揚して買付けは入れたものの、後から考えると金額の大きい買い物であるため、消極的になることもあるでしょう。不動産の契約というのは、そういうものです。気が変わらないうちに、売買契約を締結するようスピード感を持ったほうが賢明です。「鉄は熱いうちに打て」です。

　不動産の業界では「盆と正月は絶対にまたぐな」という格言があります。実家に帰省して家族会議があると、必ずや不動産投資には反対が入るという意味です。

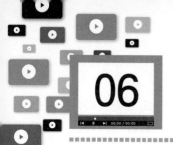

06 左下の購入者

最近は、サラリーマン投資家に対する融資がほぼ閉ざされていますので、不動産投資クワドラント右上の物件をサラリーマンが買うのも難しいですし、左上の投資家に売却する際にも融資がつかずに売却が難航します。

他方で、私は右下で開発をして、左下の富裕層や法人に物件を売却してきました。左下の方々に融資がつかない心配はあまりありません。

では、左下の方々とは、どんな属性の人なのでしょうか。
大きく分けると、個人と法人とがあります。

(1) 個人富裕層

まず、個人は、大体以下の3種類です。

---

①現預金 10 億円超を持っていて、相続対策をする人
② IPO 長者や、会社を売却して多額の現金を得た人
③中国や香港の富裕層

---

①の人は、高齢の方が多いですが、信託銀行のコンサルタントの意見を参考に、立地が良くて新築の物件を、半分現金・半分借入れくらいで買っていきます。

タワーマンションの区分をいくつか買う人もいますが、土地付きで1棟を買う人のほうが多いように思います。

その昔、私が持っていた豊洲のタワーマンション区分１室を買ってくれないか、と銀行経由で打診して断わられた際、「湾岸は地盤が弱いのでイヤです」と言われたのをよく覚えています。わざわざリスクを冒さず、「立地の良い新築＝超ローリスク・ローリターン投資」を好みます。「投資」というよりは、資産を不動産に組み替えて「節税」している、というスタンスです。

　②の人は、年代は30代から50代前半までで、最近のマーケットの主役です。最近は、このステージの人をよく見かけます。見かけるというのは、不動産の取引相手としてという趣旨です。資産規模でいえば、少ない人で５億円程度から、多い人で20億〜30億円といったイメージです。それより多いキャッシュを持っている人は、私の開発物件（５億〜12億円程度）は買いません。もっと規模の大きなＳクラスのビルに投資したりします。

　事業を成功させているので、ビジネス感覚は鋭いはずですが、不動産は素人という方が多く、私のように土地から建物を建築するスキルはありません。やはり完成済みの新築を好みます。求める立地も①同様、都心ど真ん中です。中野区とか江東区ではなく、港区・渋谷区で、中でも六本木・青山・赤坂や、神宮前・広尾といったブランドがある立地を買っているようにみえます。

　③の外国人は、①②以上に立地にこだわります。銀座や新宿といった、外国人でも誰でも知っている立地を好みます。

　２世・３世が多く、教育レベルが高くて、教養も豊富な方が多いです。不動産取引の決済の際に、銀行で片言の英語で世間話をしますが、私が「堀です」と自己紹介したところ、「私は、幼少時代はアメリカのインターナショナルスクールで、ホリプロの堀さんと仲良しでした」といった具合です。

(2) 法　　人

　続いて、法人は、以下の2種類です。

---

①**事業会社**
②**大手 REIT**

---

　①**事業会社**は、不動産以外の本業で利益を出して、他に投資先がないとか、株価を下げるためといった理由で、都心の収益物件を買っています。多少高値掴みとなっても、融資も付くのと、自己資金も余っていますので積極的です。

　②**大手 REIT** も最近のマーケットの主役で、都心一等地であれば、期待利回りは3％台でも、将来の賃料アップを期待して買いにいきます。

　以上、要するに、都心一等地の新築一棟は、桁違いのお金持ちと法人が買うという事実です。
　逆にいえば、彼らが興味を示さない立地で投資をしていても、出口で買ってくれる人はみつけにくいです。
　今後の不動産の市場は、そのようになっていくと思います。

07 自己資金利回り

不動産投資の出口戦略として、最も重要なことは、いつ物件を売却するのかという判断です。

潤沢なキャッシュフロー（以下「CF」といいます）が得られている物件を売却するのは勿体ないとか、築5年経過しても不動産の価格は下がらないので早く売る必要はないなど、色々な意見はあるところでしょう。

この点、不動産投資の成果を図る指標として、CFは重要です。

CFは、賃料収入から空室リスクや運営経費を引いたNOI（営業純利益）に対して、元利金の返済額を減じて求めます（単年度CF＝①）。

そして、毎年のCFを合計して累計のCFを算出すると（累計CF＝②）、ある一定時点までの手残りのインカムゲインの金額が分かります。

ところで、不動産投資の成果は、インカムゲインのみではありません。どこかのタイミングで物件を売却した際に生じるキャピタルゲイン（値下がった場合はキャピタルロス）も、不動産投資の成果として加味しないと、本当の成果を測ることはできません。

すなわち、物件を売却すると仮定した場合の時価を算出して、そこからそのときの残債を差し引き、さらにそのときまでの累計CF（②）を加えることで、キャピタルゲイン（あるいはキャピタルロス）も加味した本当の成果を測ることが可能となるのです。

ちなみに、この金額には当初投入した自己資金が含まれていますので、ここから投入した自己資金額を差し引くことで、本件投資により純増したキャッシュの金額が算出されます（合計CF＝③）。

　以下に整理します。

単年度 CF（①）＝ NOI －元利金の返済額
累　計 CF（②）＝各年度の①の累計
合　計 CF（③）＝時価－残債＋②－自己資金

　本件不動産投資により、結局いくらのキャッシュが増えたのかが重要ですので、不動産投資の成果を測るには合計CF（③）を計算する必要があります。

　この点、合計CFは、時の経過により増えていくはずです。不動産投資のインカムゲインにより、残債が減って、②累計CFが増えるからです。「合計CF（③）＝時価－残債＋②－自己資金」ですので、残債が減り、②が増えると、③の金額は増えるのです。

　ということは、不動産を売却しないでも、年々キャッシュが増えていくのですから、不動産は長期保有が優位なのでしょうか。利回りの高い物件を売却してしまうと、勿体ないともいえそうです。

　この点、「保有すべきか？　売却すべきか？」の判断基準の1つとして、**自己資金利回りの考え方**を紹介します。

　不動産投資も投資の一種ですから、その成果の測定については、他の金融資産に対する投資の成果と比較すべきです。金融資産への投資は全額自己資金で行いますので、その場合の利回りとは、「当該自己資金がどの程度のリターンを生み出しているか？」という計算となります。

したがって、不動産投資の成果を金融資産への投資と比較するには、不動産投資の場合も自己資金利回りを計算する考え方が妥当です。

　具体例で計算しましょう。

　たとえば、渋谷区恵比寿で土地から建物を建築し、利回り6.2％で仕上げたとします。投資額は3億円です。

　これを完成と同時に4億2,000万円（期待利回り4.4％）で売却したとして、諸経費3,000万円を差し引き、売却益は9,000万円とします。自己資金は投資額の2割（＝6,000万円）を入れていて、自己資金を投下してから1年で売却したと仮定すると、自己資金利回りは以下の通りとなります。

9,000万円÷6,000万円＝150％

　金融資産への投資の利回りはせいぜい3％〜5％程度ですから、桁違いの利回りを出すことになります。

　不動産投資の場合は、借入れを起こしてレバレッジを利かせますので、少ない自己資金が多くのリターンを生むためです。まして、キャピタルゲインを得ると、将来の利益を一気に取り込みますので、自己資金利回りはより高くなります。

　では、同じ物件を5年間持ち続けて、5年後に同じ価格で売却した場合の、合計CFと自己資金利回りはどうなるでしょうか。

合計CF＝4億2,000万円－諸経費3,000万円－残債2億円（2億4,000万円－（年間返済額800万円×5年分））＋累計CF3,500万円（年間CF700万円×5年分）－自己資金6,000万円＝1億6,500万円

となりますので、1年目に売却するよりも7,500万円のCF増加です。

　これに対して、自己資金利回りは、初年度は150%でしたが、5年後に売却する場合は、

1億6,500万円÷6,000万円÷5年＝55%

となります。

　合計CFは年数の経過により増えていく場合でも、自己資金利回りは年々低下していくのです。

　これが、都心開発型でキャピタルゲイン目的の投資の実際の数字です。開発して利益を出すのであれば、すぐに売却するのが賢明です。

　初年度の開発利益が大きすぎて、2年目以降のインカムゲインでは利回りが追い付かないのです。

　他方で、地方の利回り物件は、キャピタルゲインが出ない代わりに、年々のインカムゲインが多くなりますので、自己資金利回りは時の経過により左右されない傾向にあります。

コラム7　大手仲介の囲い込み

　大手の仲介会社は、物件を「囲い込み」する傾向にあります。

　「囲い込み」とは、売主から売却の媒介契約を依頼された物件を、他の不動産業者に契約させないことをいいます。
　たとえば、別の不動産業者から「○○の物件を購入希望の人がいるので物件を案内させて欲しい」と電話があっても、「すみません、この物件は契約予定です」と嘘をつき、紹介を断ります。このように自社でガッチリと物件を掴んで放さないことから、囲い込みと呼ばれるようになりました。

　このような囲い込みが行われると、売れる物件が売れなくなったり、価格を下げざるを得なくなったりと、売主の被害は計り知れません。

　大手仲介がなぜ囲い込みをするかというと、両手仲介がしたいからです。両手仲介とは、1つの物件の不動産売買取引において、1社の不動産業者が、売主と買主の双方の仲介を行い、その両方から仲介手数料を受領することをいいます。

　両手仲介は本来的に双方代理ですので、依頼者の利益を害する可能性を秘めていますが、宅地建物取引業法により認められているので、仲介手数料を両手でもらいたい大手仲介は、両手にこだわるのです。

私の会社も宅建業者登録していますので、レインズ（国土交通大臣指定のデータベース）を閲覧できます。レインズを見て（当社が買い側の仲介に入る前提で）大手仲介が載せている物件に電話をすると、毎度、「契約予定です」「申し込みが入りました」と言われます（長期間売れ残っている物件は、片手仲介※でも売りさばきたいので、取り次いでくれます）。

　ところが、「当社は買主で、仲介手数料を支払う（両手で仲介させてあげる）」と伝えると、手のひらを返すように丁重な対応となり、方針転換して物件を取り次いでくれるようになります。片手仲介が前提だと、物件の資料さえ送ってもらえないこともあります。

　この問題は、アメリカに倣い、いずれ規制が入ると思いますが、まだ先の話になるでしょうから、「大手＝両手仲介」という前提に立って、それを利用するように切り替えるほかありません。
　利用というのは、本文でも解説しましたが、属性の良い買主を抱えている大手仲介の担当者に、「囲い込んでもよいので当社の物件を優先して売却してくれ」と発奮してもらうのです。

※　売主と契約している不動産業者と、買主を探し出した不動産業者が異なる場合のケースで、それぞれ直接やり取りしている相手方から仲介手数料を受け取ること。

新型コロナウイルスが不動産投資に与える影響

　本書執筆時点（2020年3月15日）で、「新型コロナウイルスの世界の感染者が、累計15万人を突破した」と報道されました。

　新型コロナウイルスの感染拡大を受け世界経済の先行き不透明感が高まる中、世界の株式市場は大きく下落しています。米国株式の代表的な指数であるS&P500は、2020年2月19日の史上最高値から、3月9日までの13営業日で18.9%下落しました。日経平均株価は、2020年2月21日から同3月12日の13営業日で20.6%下落しています。

　では、不動産投資に対しては、今回のような有事がどのような影響を与えるでしょうか。

　その判断を下すためには、過去の有事の際（リーマンショックや東日本大震災）に、不動産投資の数値がどのように動いたのかを探ることが有益です。

　この点、リーマンショックの際（2008年6月6日〜2009年3月10日）に日経平均株価は51.3%程度下落し、東日本大震災の際（2011年2月21日〜3月15日）には20.7%下落しました（**資料㊀**）。

主な出来事	下落起点日	下落終了日	下落率（%）	下落幅（円）
リーマン・ショック	2008/06/06	2009/03/10	−51.3	−7,434.46
欧州債務危機の発生	2010/04/05	2010/08/31	−22.2	−2,515.24
東日本大震災	2011/02/21	2011/03/15	−20.7	−2,252.38
欧州債務危機の拡大	2012/03/27	2012/06/04	−19.1	−1,959.52
米テーパー・タントラム	2013/05/22	2013/06/13	−20.4	−3,181.88
米QE3縮小開始	2013/12/30	2014/02/04	−14.0	−2,282.84
米QE3終了	2014/09/25	2014/10/17	−11.2	−1,841.63
チャイナ・ショック	2015/06/24	2016/02/12	−28.3	−5,915.42
米長期金利の上昇	2018/01/23	2018/03/23	−14.5	−3,506.29
米中貿易摩擦の激化	2018/10/02	2018/12/25	−21.1	−5,114.88
コロナ・ショック	2020/01/20	2020/02/28	−12.2	−2,940.55

（出典）三井住友 DS アセットマネジメント作成資料「日経平均株価〜過去の下落局面と反転理由を振り返る」

　これに対して、J-REIT（多くの投資家から集めた資金で、オフィスビルや商業施設、マンションなど複数の不動産などを購入し、その賃貸収入や売買益を投資家に分配する商品。投資信託）が保有する物件のうち、東京 23 区に立地する住宅の NOI 利回りは、2008 年 5 月頃の 5％強から 2009 年 6 月頃に 5.6％に上昇したものの、東日本大震災を経ても 5.7％には届かず、その後なだらかに下降の一途をたどっていきます（**資料㊁**）。

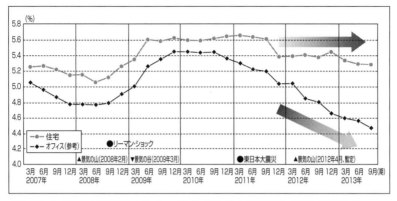

☞ **資料㊁ 東京 23 区の住宅・オフィスの NOI 利回り**

（出典）みずほ信託銀行（作成：都市未来総合研究所）資料「不動産マーケットレポート」（2014.4）

　利回りが上がったということは、投資家の期待利回りが高くないと買われなかったということですので、要は不動産の価格が下がったことを意味しますが、それでも 1 割程度（5 ％÷5.6 ％＝約 89 ％に下落）のことで、株価の下落率に比べればはるかに小さい数字です。

　要するに、都心で一棟レジ（住宅）を建築する右下の投資をする限りにおいて、有事の際は完成物件が（市場の混乱により）一時的に売れなくなることがあったとしても、影響は少ないといえるでしょう。

　また、土地を仕入れる際の価格が大きく下がるのであれば、今回の騒動の動向を注視し、土地価格が下がるのを待つという選択肢もあるかもしれません。

　この点は、東京 23 区の 2010 年・2011 年の地価下落率が参考になります。住宅地については 2010 年で 3.1 ％のマイナス、2011 年で 1.3 ％のマイナスとなっています（**資料㊂**）。

☞ **資料㊂　東京23区の地価**

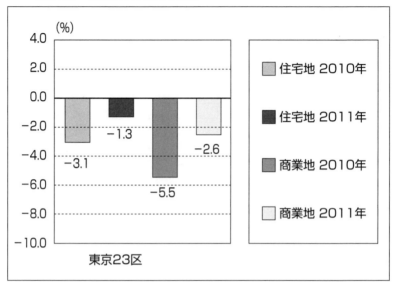

(出典) みずほ信託銀行 (作成：都市未来総合研究所) 資料「不動産マーケットレポート」(2012.3) より修正・抜粋

　この程度の価格の下落であれば、土地価格が下がるのを待つ意味はないように思えますが、指値をする際の参考にはなるでしょう。

　最後に、建物を建築した後、長期で保有する場合に、有事の際に賃料が下落したのかをみておく必要があります。

　この点、オフィス平均賃料については、2009年から2013年にかけて16％程度下がったのに対し (**資料㊃**)、都心レジの平均賃料はほぼ横ばいであったのに加えて、ワンルームタイプの住居の平均稼働率は2009年9月から同年年末にかけて3％弱下がった程度であり、その後すぐに回復していきます。東日本大震災の際には、稼働率は下がりませんでした (**資料㊄**)。

☞ **資料㊃　東京ビジネス地区の平均賃料**

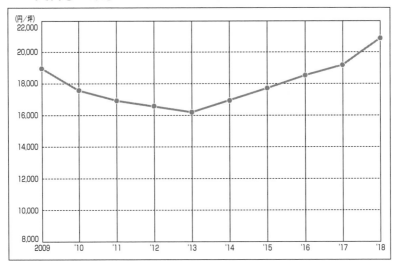

（出典）三鬼商事株式会社作成資料「オフィスリポート東京 2019」より一部修正

☞ **資料㊄　東京 23 区における J-REIT 保有賃貸マンションの平均稼働率・平均賃料収入単価の推移**

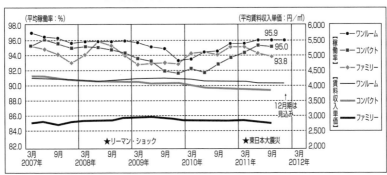

（出典）みずほ信託銀行（作成：都市未来総合研究所）資料「不動産マーケットレポート」（2012.3）

第5章02でも述べた通り、オフィスについてはボラティリティが大きいのに対し、レジについては有事がこようと入居ニーズは変わらないことからボラティリティが小さく、賃料の趨勢^{すうせい}についても影響はほぼないといえます。

　以上の通りですので、新型コロナウイルス問題による右下の不動産投資への影響は、限定的と考えます。

　ただし、商業施設やホテル等を投資対象としている場合は、今後、空室率上昇とそれに伴う賃料下落、そして不動産価格の下落はあると思われます。
　対して、私の投資手法（都心でレジデンスを建築）は、まさにこのような有事が起きても影響を受けないための投資手法であるということです。

おわりに

本書を最後までお読みいただき、ありがとうございました。

私は 2019 年 7 月より「弁護士堀鉄平の不動産投資塾（堀塾）」というものを主宰しています。本書の内容は、堀塾の基礎講座の内容を網羅したものです。もちろん、実際の講義ではより詳しく実例を交えながら解説していますが、根本的な考え方は本書で凝縮できているものと思います。

本書の内容を図解してまとめると、次のようになります。

☞ **本書のまとめ**

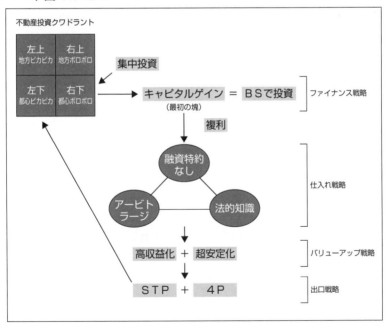

まず、本書の核となる「**不動産投資クワドラント**」を理解していただき、自分は何者なのかを見極めることから始めます。ここでは、右下の「都心・ボロボロ」＝開発型投資を選択しています。

　そして、右下の投資に「**集中投資**」して、「**キャピタルゲイン（最初の塊）**」を得たら、この塊を武器に、「**融資特約なし**」で土地を優位に仕入れます。キャピタルゲイン型の投資は「**BSで投資**」するものですので、ファイナンス戦略として有効です。
　また、このようにキャピタルゲインで得た資金を再投資に回す行為は、「**複利**」で投資するものですので、資産の拡大につながります。

　仕入れ戦略としては、本文で紹介した「**アービトラージ**」や、「**法的知識**」を駆使して、割安に仕入れることで、買った瞬間に含み益が出るような買い方をしていきます。

　仕入れた土地に、どのようなハードを建築して、どのようなソフトを提供していくのかについて考えるのがバリューアップ戦略です。「**高収益化**」させて、「**超安定化**」させることで、飛躍的に価値が高まります。本文では、高収益化させる5つの手法と、超安定化させる5つの手法を紹介しました。

　以上のように、安く仕入れた土地に、飛躍的にバリューアップした建物を建築した後に、高く・確実に売却していくのが**出口戦略**です。
　具体的には、フィリップ・コトラーのマーケティング戦略（STP＋4P）を取り入れて、左下の投資家を細分化し（セグメンテーション）、ターゲットを定め、ポジショニングを明らかにしたうえで、商品設計（プロダクト）・価格設定（プライス）・

チャネルの選定（プレイス）・プロモーションの方法を決めていきます。これらを土地仕入れ時に検討します。土地を買う際に出口を考えるのです。

　このような投資の手法は、一般的な個人の投資とはかけ離れており、レベルは高めです。不動産業者の中でも、デベロッパーのやることです。デベロッパーの中でも、ここまで戦略的に投資できるプレーヤーはいないと思います。

　だからこそ、ライバルも少ないので、上手に実行できれば、多額の利益が生み出されるのです。私は、この業界で、「1人デベロッパー」と呼ばれています。

　ぜひ、皆さんも本書や堀塾での学びを実践し、1人デベロッパーを目指してはいかがでしょうか。

2020年　　3月　　吉日
弁護士法人 Martial Arts
弁護士　堀　鉄平

（著者近影）

著者略歴

堀　鉄平
<small>ほり　てっぺい</small>

1976 年 3 月 28 日生

　闘う弁護士（第一東京弁護士会所属）。弁護士法人 Martial Arts 代表。ブラジリアン柔術道場「トライフォース赤坂」代表。「弁護士堀鉄平の不動産投資塾（堀塾）」主宰。

　2004 年 10 月に弁護士登録後、3 年間の勤務弁護士時代を経て東京都港区にて独立開業し、現在は 100 社を超える大企業から中小・ベンチャー企業の債権回収業務や顧問を務める。依頼者のために相手方や裁判所と徹底して「闘う」ことを基本理念とし、所属弁護士・全事務職員にも理念を共有し、「闘いたい」と思っている依頼者の期待に応えるべく奮闘している。

　近年、グループ会社で宅建免許を取得し、東京都心部における不動産の再開発、沖縄や熱海におけるホテル開発に取り組んでいる。また、「弁護士堀鉄平の不動産投資塾（堀塾）」や堀塾ちゃんねる（YouTube）、不動産投資家と専門家のマッチングサイト（不動産投資 DOJO）を通して、不動産投資の知識の啓蒙活動を行っている。

　プライベートでは、ブラジリアン柔術をバックボーンとして総合格闘技の試合にも出場し、2008 年 3 月より前田日明主催「THE OUTSIDER」に継続参戦。2 度の眼窩骨折の手術を乗り越え、2011 年 5 月より RINGS とプロ契約したが、2018 年 7 月の試合を最後に引退。現在は、RIZIN で活躍する朝倉未来・海兄弟のサポートに専念している。

【MMA 戦績：2008 年 - 2018 年プロ・アマ通算戦績 13 勝 11 敗 1 分】

『弁護士が実践する不動産投資の法的知識・戦略とリスクマネジメント』（日本法令）ほか著書多数。

弁護士堀鉄平の不動産投資塾（堀塾）

　不動産投資で成功すると経済的に自由となり、人生が大きく変わります。
　そのためには業者の勧める物件を買うのではなく、自分の頭で考える必要があります。

　堀塾では、塾生さんに正しい不動産投資の知識を勉強していただき、塾生さんの「人生を変える」ことをミッションとして、①基礎講座による講義、②オンラインサロンでの投資の相談、③勝つために必要なチームの紹介を提供しています。

①基礎講座〜投資の勝ちパターンを知る。
　全6回の基礎講座では目標の設定から投資戦略・税務対策まで堀鉄平の経験と実践から得られた知見を基に講義を行います。投資の勝ちパターンを学び、実践への下準備を整えます。

②オンラインサロン〜その投資が勝ちパターンにハマるのかを見抜く。
　講師と全塾生との間に開設されるオンラインサロンにおいて、具体的な投資案件についての情報交換、金融機関の情勢や投資の最新情報等の有益な情報の提供が活発に行われます。オンラインサロンを通して、基礎講座で学んだ投資の勝ちパターンについて、具体的な案件で実践していく力を養います。

③勝つために必要な各分野のスペシャリストを紹介。
　単独の力では成功することの難しい不動産投資に、優良な物件を仕入れるルート、融資に積極的な金融機関・担当者、土地の最有効使用が描ける建築士、コストダウンできる工務店、節

税戦略に長けた税理士、不動産に強い弁護士、賃貸の客付けに力を発揮するPM業者、出口の買い手候補を連れて来る仲介業者等の専門家やネットワークを塾生に紹介し、成功をより確かなものにします。

ミッション（堀塾の使命）
① 塾生の人生を変える
② 不動産投資の業界から小手先のテクニックや、一切の不正を排除する
③ 塾生のみならず、土地の売主、設計事務所、工務店、不動産業者、物件の買主、賃借人、銀行等の関係者全員の幸せな人生を実現する

塾生のビジョン（私たちのなりたい姿）
　＝　1人デベロッパー
① 目利き力を持ち、融資特約なしで土地を仕入れる
② 卓越した想像力で価値を創造する
③ 売れる仕組みを作る

堀塾公式サイト

体験セミナー

堀塾ちゃんねる

堀塾公式サイト http://www.bengoshiconsul.jp/
体験セミナー　http://fudosan.martial-arts.jp/seminar-fudosan/
堀塾ちゃんねる https://www.youtube.com/channel/UCQ_W2298zWO18GgP1F_sZ4Q

不動産投資 DOJO

　不動産投資 DOJO は、不動産投資家と専門家のマッチングサイトです。

　不動産投資をするにあたっては、様々な法律、条令、税制等をチェックする必要があります。

　これらのチェックを自力でできる投資家もいるかもしれませんが、多くの投資家は、

> ・専門知識がない、
> ・専門家の知り合いがいない、
> ・専門家に相談する費用がない

等の理由で、よくわからないままに投資をしてしまったり、その結果、トラブルに巻き込まれてしまうことがあるのではないでしょうか。

　不動産投資 DOJO は、不動産投資に必要不可欠な専門家に無料で相談できる「相談機能」や、各種専門家を探せる「専門家検索」など、不動産投資に関する悩みやトラブルを解決するコンテンツを多数ご用意しております。

　当社（株式会社マーシャルアーツキャピタル）は、不動産投資家の皆様が、本サイトを通して専門家集団の知識・知恵を得て、健全な投資ができる礎となる所存です。

不動産投資 DOJO　https://fudosandojo.com/

1人デベロッパーの勝ちパターンに学べ！
弁護士が実践する
不動産投資最強戦略　　　　　　令和2年4月30日　初版発行

日本法令®

検印省略

〒101-0032
東京都千代田区岩本町1丁目2番19号
https://www.horei.co.jp/

著　　者　堀　　　　　鉄　平
発 行 者　青　木　健　次
編 集 者　岩　倉　春　光
印 刷 所　日 本 ハ イ コ ム
製 本 所　国　宝　　　社

（営 業）　TEL　03-6858-6967　　Eメール　syuppan@horei.co.jp
（通 販）　TEL　03-6858-6966　　Eメール　book.order@horei.co.jp
（編 集）　FAX　03-6858-6957　　Eメール　tankoubon@horei.co.jp
（バーチャルショップ）　https://www.horei.co.jp/iec/
（お 詫 び と 訂 正）　https://www.horei.co.jp/book/owabi.shtml
（書 籍 の 追 加 情 報）　https://www.horei.co.jp/book/osirasebook.shtml

※万一、本書の内容に誤記等が判明した場合には、上記「お詫びと訂正」に最新情報を掲載
　しております。ホームページに掲載されていない内容につきましては、FAXまたはEメー
　ルで編集までお問合せください。